ŒUVRES

DE

SAINT-SIMON & D'ENFANTIN

PUBLIÉES PAR LES MEMBRES DU CONSEIL

INSTITUÉ PAR ENFANTIN

POUR L'EXÉCUTION DE SES DERNIÈRES VOLONTÉS

ET

PRÉCÉDÉES DE DEUX

NOTICES HISTORIQUES

SEPTIÈME VOLUME

PARIS

E. DENTU, ÉDITEUR

LIBRAIRE DE LA SOCIÉTÉ DES GENS DE LETTRES

PALAIS-ROYAL, 17 ET 19, GALERIE D'ORLÉANS

—

1866

ŒUVRES

DE

SAINT-SIMON & D'ENFANTIN

VII

Imprimerie L. TOINON et Cᵉ, à Saint-Germain

ŒUVRES

DE

SAINT-SIMON & D'ENFANTIN

PUBLIÉES PAR LES MEMBRES DU CONSEIL

INSTITUÉ PAR ENFANTIN

POUR L'EXÉCUTION DE SES DERNIÈRES VOLONTÉS

ET

PRÉCÉDÉES DE DEUX

NOTICES HISTORIQUES

SEPTIÈME VOLUME

PARIS

E. DENTU, ÉDITEUR

LIBRAIRE DE LA SOCIÉTÉ DES GENS DE LETTRES

PALAIS-ROYAL, 17 ET 19, GALERIE D'ORLÉANS

1866

NOTICES HISTORIQUES

II

ENFANTIN

XX

(1832)

(Mai.)

L'apostolat régulier du saint-simonisme, retiré
à Ménilmontant, enseignait au monde, par l'exemple, sous la direction suprême d'Enfantin, l'abolition de la domesticité et l'observance rigoureuse du
célibat.

Tant que la femme religieuse de l'avenir n'était
pas venue se placer à côté de l'homme converti à

la religion nouvelle, cet homme ne représentait que la moitié de l'individu social, et ce n'était pas en s'unissant à la femme du passé, machinalement soumise ou frauduleusement rebelle à la morale ancienne, qu'il aurait pu compléter le couple saint-simonien. Pour la famille orthodoxe et mâle de Ménilmontant, le célibat était donc transitoirement une nécessité, outre qu'il donnait un démenti à toute interprétation calomnieuse de l'appel à l'affranchissement des femmes.

Pendant les premiers jours de sa retraite, Enfantin, violemment secoué par la mort soudaine de sa mère et profondément impressionné par son retour sous le toit paternel, au milieu de ses disciples, sentit se raviver en lui ses vieilles affections de famille, et éprouva le besoin d'écrire à ceux de ses proches avec lesquels il n'avait pas cessé d'entretenir des relations étroites et presque fraternelles. Sa première lettre fut pour le général Saint-Cyr Nugues.

« Mon cher Saint-Cyr, lui dit-il, la pauvre mère a succombé à cette cruelle maladie, tu l'as appris par les journaux, mais j'éprouve le besoin de t'écrire moi-même..... L'imagination de ma pauvre mère, si facile à se forger des inquiétudes, l'avait mise sans défense contre le choléra.

» J'ai regretté de ne t'avoir pas vu pendant ton
petit séjour à Paris. Je t'aurais engagé, quelle que
fût ton opinion sur mon avenir, à le lui présenter
toujours comme beaucoup moins dangereux que si
j'avais été comme toi militaire, et cela lui aurait fait
du bien; c'est ma faute.....

» Au milieu de la douleur qui m'a frappé, j'ai
reçu tant de témoignages d'affection que j'aurais
presque voulu voir mon père près de moi, dans cette
journée de tristesse, où l'amour qui m'était donné,
contrastait si fortement avec les inquiétudes de ma
mère qu'il partage. Et toi aussi, mon cher Saint-
Cyr, j'aurais bien vivement désiré t'embrasser et te
donner sur ma vie une garantie que tu n'as pas, et
dont l'absence doit te faire souffrir, car tu m'aimes.
— J'attends encore du temps le moyen de te faire
voir avec indulgence et tranquillité la voie où je
marche; elle est obscure pour bien des yeux; mais
je voudrais tant que ceux que j'aime, et dont je
suis aimé, me jugeassent au moins sur mon passé,
et attendissent mon avenir pour juger mon présent, que je réclame toujours de toi, au nom de
ce passé, un souvenir de ton bon cœur, car j'y ai
occupé une large place et je ne veux pas la
perdre.

» Écris-moi un mot, dis-moi que tu m'aimes

toujours; je peux te faire cette demande *aujour-
d'hui.*

» Amitiés à Édouard et à Worms, je te prie.

» Enfantin »

La réponse du général, qui fut prompte, renfermait ce qui suit :

« Il m'en coûte, mon cher Prosper, de croire que
tu pourrais supposer que tel langage plutôt que tel
autre, tenu à ta mère, eût pu avoir de l'influence
sur sa vie ou sur sa mort. Je lui ai parlé le moins
possible des doctrines dont tu t'occupes, aimant à
me taire sur ce que je ne sais pas. Je crois cependant en savoir assez pour ne les aimer ni même les
estimer. Je distingue en ceci complétement la personne et la chose, l'intention et la réalité; je te
connais trop à fond, et depuis trop longtemps, pour
ne pas bien juger ton cœur et apprécier ton esprit;
mais j'éprouve du chagrin et de l'effroi, quand
j'examine ce que ta position est devenue, de pai-
sible et modeste qu'elle était. Je m'afflige en te
voyant avec un orgueil bien brusque, non-seulement vouloir changer tout ce qui existe, et attaquer
même la propriété et la famille, bases sur lesquelles
selon moi, repose la société, mais surtout développer à ce sujet des principes de morale qui te
montrent sous un jour défavorable au public. Je

m'effraye en te voyant former une association dont tous les membres (toi sans doute compris puisque tu en es le chef) apportent à la communauté tout ce qu'ils ont, en lisant dans vos propres écrits que vous dépensez 138,000 fr. dans un mois, et que souvent vous n'avez pas dans la caisse de quoi pourvoir à vos dépenses du lendemain ; enfin, en songeant que si vos capitaux, soit donnés, soit prêtés, viennent à s'épuiser sans être renouvelés, il ne te restera que la ruine et quelque chose de plus, car dans la catastrophe vos créanciers n'épargneront pas les plaintes et les reproches ; on vous classera en fripons et en dupes, et toi même seras peut-être attaqué dans ton honneur. Si mes craintes sont chimériques, si ta destinée est aussi sûre que tu le crois, et que le besoin ne doive jamais atteindre ni toi ni ton père, je t'en félicite et je m'en réjouis. Ton bonheur et ta réputation m'intéressent ; je ne cesserai de faire des vœux pour ton avenir, comme j'ai toujours des regrets pour ton passé, et quant au présent, je n'ai aucun effort à faire pour te renouveler l'assurance de la vieille affection que te porte ton ami et ton parent, — Saint-Cyr Nugues. »

Enfantin ne répondit pas tout d'abord, mais il écrivit aux sœurs du général, en s'adressant particulièrement à celle qui avait été sa correspondante

si intelligente et si active, au temps du *Producteur*
et de l'*Organisateur*.

« Je n'ai pas pu encore vous écrire, leur disait-il,
depuis la lettre d'Holstein qui vous annonçait notre
triste événement, et qui vous demandait si la présence de mon père, pendant quelque temps, au milieu de vous, ne dérangerait en rien vos projets de
printemps. J'ai reçu depuis lors deux lettres de
Genève, mon pauvre père a supporté cette douloureuse nouvelle avec sa force accoutumée, il n'en a
pas été accablé grâce aux soins affectueux de ce
bon Holstein, et de tous mes anciens amis de Genève qui l'ont entouré avec une tendresse qui m'est
bien sensible.

» Nous sommes ici encore tout occupés des travaux de nettoiement et de réparation de la maison
et du jardin inhabités depuis longtemps. Tous mes
enfants ont travaillé à cette œuvre, comme s'ils n'a-
vaient jamais fait autre chose : peinture, balayage
et frottage continuels; au milieu de tout cela, des
chants un peu discords, mais qui s'accorderont, car
nous avons trois jeunes compositeurs parmi nous,
et la musique va être une de nos grandes occupations. Quelques exercices gymnastiques, et un cours
d'astronomie, de géographie et de géologie, voilà,
avec la musique, ce qui remplira nos moments d'é-

tude. Avec ces travaux nous connaîtrons le *monde*
et l'harmonie; or nous avons besoin de célébrer la
grandeur de Dieu dans le *monde*, de la *chanter*.

» Vous avez entendu dire tant d'absurdités sur
nous, et dernièrement on a si hautement proclamé
notre chute, que vous avez dû être effrayées, mes
chères amies; heureusement tout cela est faux d'un
bout à l'autre; notre retraite a dû faire croire à
notre ruine ceux qui ne sentent pas notre œuvre;
c'est tout simple; mais la constante continuité de
nos travaux antérieurs doit pourtant être, pour plusieurs, une garantie que si nous nous reposons pour
prendre haleine, après la course prodigieuse que
nous avons fournie depuis deux ans, c'est pour
marcher plus vite encore avant peu. A la fin du
Producteur, c'est-à-dire à la fin de nos travaux
scientifiques, nous avons tous été *forcés* de nous
reposer, parce que nous étions malades de fatigue.
Éclairé par cette expérience, je n'ai pas voulu attendre que nous fussions accablés par nos travaux
politiques, et je les ai fait cesser volontairement au
moment même où une terrible maladie moissonnait
Paris; et ma pauvre mère a été seule frappée, aucun de mes enfants n'a été atteint du choléra; il n'y
a pas même eu un seul des ouvriers qui se ratta-
chent à nous, et ils sont près de cinq cents, qui ait

succombé, grâce aux soins de nos médecins et à l'énergie que leur inspire notre foi; un très-petit nombre même a été atteint. Ce haut témoignage de la sainteté de notre mission nous a été doux, et m'a puissamment aidé à porter le poids de la douleur qui m'a particulièrement touché. — J'ai écrit à Saint-Cyr; certes je ne lui en veux pas, car il a cru bien faire, mais il a fait mal à ma pauvre mère, en donnant à son imagination inquiète l'aliment de ses propres inquiétudes sur moi. Saint-Cyr me présentait à elle comme marchant à une perte certaine, perte d'argent, d'honneur et de liberté; il voulait par là l'encourager à retourner à Genève, ou tout simplement il cédait trop facilement au besoin de dire ce qu'il pensait; dans l'un et dans l'autre cas, il a fait ce qu'il pouvait, il n'a fait mal que par ignorance de ce que je suis et de ce que je fais, je ne l'en aime pas moins.

» Adieu, mes chères amies, écrivez-moi dans ma retraite; plus que jamais j'y sens le bonheur d'être aimé, car j'y suis entouré de fils qui m'aiment de toute leur âme, et j'éprouve plus vivement aussi le besoin de resserrer les liens qui m'attachent depuis si longtemps à vous, à vous qui avez été pour moi de secondes *mères*, à vous qui m'avez donné la force qui m'a été si nécessaire et m'est si nécessaire

encore pour accomplir ma mission, l'*affranchisse-*
ment des femmes et leur *association* par *égalité*
avec l'*homme*.

» Ma chère Eugénie, et toi, Thérèse, je vous
rends grâce, comme je rends grâce à Saint-Cyr de
toute la bonté que je tiens de vous, de la vie aimante que vous m'avez donnée, de l'affection dont
vous avez entouré mes jeunes années. Vous avez
pu depuis longtemps ne plus me comprendre, cependant c'est en vous que j'ai puisé la *science* qui
m'a fait ce que je suis, c'est vous qui m'avez *ensei-*
gné à me faire aimer et à aimer; là est tout le secret de ce que je fais, de ce que je veux, au nom
de Dieu, donner au monde ; car je veux lui donner
un *pouvoir* humain qui aime et qui soit aimé, *pou-*
voir sacré, pouvoir divin que l'*homme* ne saurait
exercer seul, et pour lequel la *femme* est appelée
au sacerdoce futur, par celui qui aima toujours la
femme, et qui toujours fut aimé d'elle.

» Les propres femmes, quand elles voudront se
proposer (comme les chrétiens se proposèrent de détruire l'esclavage), quand elles voudront faire cesser la *prostitution* et l'*adultère*, quand elles voudront *racheter* la fille du peuple du marché où elle
est vendue, elles comprendront pourquoi je suis
venu, elles béniront cette voix audacieuse qui a osé

se faire accuser d'immoralité, de fraude et d'escroquerie, pour donner le signal ; elles aimeront celui qui a osé dire à la face des hommes, *maîtres jaloux*, que la femme ne serait libre que le jour où il lui serait reconnu de *droit, légitimement,* ce qu'elle possède de fait : LE SECRET DE LA PATERNITÉ. Ils ont peur qu'elle n'en abuse, ces *maîtres jaloux*, ils craignent que ce *mineur*, ainsi émancipé et libre de sa vie, ne couvre le monde de libertinage et d'orgie, comme si l'homme avait inventé la pudeur!

» Oui, les femmes seules peuvent faire cesser la prostitution et l'adultère, elles peuvent se délivrer de la violence de l'homme, et délaisser les habitudes de fraude qui leur ont été jusqu'ici nécessaires pour échapper à ce brutal empire de la force et de l'or. Elles le peuvent, et ma mission est de leur apprendre qu'elles le *feront* quand elles *voudront*, car l'homme a déjà, par *nous*, abdiqué sa tutelle jalouse, et pourtant *nous*, autant que qui que ce soit au monde, nous avions puissance d'user du privilége de maîtrise que l'homme possède sur la femme. Dieu a voulu que celui qui était riche de cet amour de *despote,* que celui à qui il avait donné puissance de se faire aimer de la femme *esclave*, proclamât le premier sa liberté.

« Adieu, mes bonnes amies, si le père et Holstein sont déjà avec vous, embrassez-les, et dites-leur que tous ici nous sommes bien. »

Mademoiselle Thérèse Nugues ne fit pas attendre sa réponse. Holstein et le vieux père d'Enfantin étaient arrivés de Genève à Curson. Holstein, rappelé à Paris, se mit bientôt en route. Le jour de son départ, mademoiselle Nugues écrivit à Enfantin :

« Je reviens, avec mon oncle, d'accompagner M. Holstein à Tain, mon cher Prosper; nous étions peinés de voir partir ce bon garçon si vite, mais il était attendu à Lyon et n'a pas cédé à nos instances pour deux jours de plus; sa présence était bien utile et agréable à mon oncle avec qui il causait beau-coup et qui a pour lui l'affection qu'il mérite si bien. Je l'ai trouvé bien maigri, depuis que nous ne l'avions vu. Cette vilaine barbe noire que tu lui fais recommander de laisser grandir, n'est pas faite pour embellir ni engraisser. Vous aurez l'air de vrais capucins, et je ne devine pas votre intention. Mon oncle nous a apporté ton portrait[1], qui ne m'a point paru ressemblant d'abord, mais extrêmement flatté et plus jeune que toi. Sur ton portrait tu as l'air d'avoir vingt ans, et si à cette époque tes joues

1. Ce portrait était de Grévedon.

étaient aussi rondes, ta physionomie n'était pas encore animée comme elle l'est maintenant. Cependant
il y a ton ensemble, ton expression de figure dans tes,
bons moments, et j'ai fini par te reconnaître assez
bien. Une preuve de ressemblance, c'est que Rose,
notre cuisinière, en regardant le portrait, a dit :
C'est bien sa bouche bonasse et ses yeux si doux.
Cet éloge m'a paru mériter de t'être répété. Lise
l'a trouvé également ressemblant. Dans le fait, c'est
toi, mais trop embelli et trop jeune, et je comprends qu'on puisse te méconnaître au premier
abord.

» Le bruit général de la chute du saint-simonisme était bien venu jusqu'à nous, comme tu le pré-
sumes ; il nous affligeait en effet à cause de toi et du
chagrin que cela te donnerait, mais pas autrement,
ne sentant pas comme toi la possibilité de vous voir
arriver à l'amélioration que vous désirez ; mais ce
qui m'a fait un vif chagrin, c'est tout ce que j'ai entendu dire et lu sur vos idées sur la *femme*. Au
commencement, je soutenais que c'étaient des calom-
nies, que tu étais incapable de professer de semblables infamies (et tes amis aussi par conséquent).
Mais j'avais fini par ne plus oser prendre ta défense,
ayant lu dans le *Globe* même des choses si étranges.
M. Holstein, à qui j'ai parlé de cela, m'a, sinon

expliqué tes idées, du moins assuré que ce n'était point absolument ce que j'avais cru ; il va jusqu'à prétendre que *je n'ai pu lire* ce que j'ai lu ; mais enfin il m'a rendu la confiance dans vos bonnes intentions. Qu'on se trompe, qu'on se fasse illusion, je le comprends mieux que personne, mais qu'on érige en préceptes de morale des choses révoltantes, je ne pouvais te le pardonner. — Je t'ai trop aimé, je t'aime trop encore, mon cher Prosper, pour que tout ce qui te concerne ne me touche pas vivement ; c'est mon attachement pour toi qui m'a fait jouir du fond de l'âme, lorsque pour la première fois tu me parlas de tes sentiments religieux, toi que j'avais vu ne croyant à rien ; et malgré que je ne partage pas toutes tes idées, j'aime à penser que tu n'es plus au nombre de ces gens qui vivent comme des bêtes, selon moi, car ils ne pensent qu'à cette vie matérielle si courte, sans espoir d'avenir. Je comprends ton bonheur de vivre avec des gens qui pensent comme toi ; être seul de son idée, c'est bien triste.

» Dans la lettre affectueuse que tu viens de nous écrire, tu parles du temps où nous avons entouré tes jeunes années d'affection, et tu prétends que c'est en partie à cela que tu dois ta *bonté* et ta *vie aimante ;* il me semble, au contraire, que nous t'a-

vons aimé parce nous avons vu ces qualités chez toi ;
cependant, si tu crois nous devoir quelque chose,
tant mieux. Je te répète qu'il y a dans votre doctrine bien des choses que j'estime, que j'aimerais ;
mais vos histoires sur la femme , le secret de la maternité dont tu parles, son sacerdoce futur, son élévation qui me semble contre sa nature, contre ses
goûts et sa destination, tout cela me déplaît prodi-
gieusement et me paraît le fruit d'une imagination
ardente de jeune homme qui aime *les femmes* et
croit, avec tous ces changements, les rendre plus
heureuses. Il est possible que quelques femmes
fortes et *supérieures* voient avec plaisir ces nouveautés ; mais, ou je me trompe bien, ou la plupart
perdraient à ce changement total de leur position,
qui peut être très-heureuse si elles ont le bonheur
de rencontrer des hommes bons et raisonnables dans
ceux qui doivent les diriger et les protéger par leur
force morale et physique. Les *femmes hommes*
m'ont toujours beaucoup déplu ; je ne comprends
que les femmes bonnes, aimantes, reconnaissantes,
mais faibles, cela peut me rendre injuste pour les
autres. Ton père vient de me lire une lettre de toi
à M. Morin qui est tout ce que j'ai vu de plus clair,
de plus sage, de plus attirant de toute votre doctrine. J'ai eu un vrai plaisir à l'entendre ; je suis

contente quand je puis te comprendre et t'approuver, voir en toi des idées si grandes, si généreuses, sur l'amélioration du genre humain. Quand je te vois comme cela, je jouis autant que je souffre lorsque j'entends parler d'autre manière sur des sujets scabreux. — Que Dieu vous aide à faire le bien. — Adieu, mon très-cher Prosper. — Ta cousine affectionnée. »

La famille du sang ne faisait pas oublier à Enfantin celle de l'esprit. L'un de ses fils les plus intelligents, Capella, avait exprimé des doutes à Bouffard sur la marche nouvelle de l'apostolat saint-simonien. Il ne comprenait pas l'opportunité du célibat, et il regrettait, comme MM. Didion et P. Talabot [1], que le mouvement doctrinal ne se fît pas remarquer surtout par un grand développement des vues industrielles et par la promptitude des réalisations. Enfantin se chargea de répondre lui-même à Capella :

« Cher enfant, lui dit-il, tu as écrit à Bouffard une lettre qui nous a affligés : le sentiment qui l'a dictée est loin d'être aussi bon que celui qui t'a fait écrire ta profession de foi à l'époque de la sé-

---

1. M. Capella est aujourd'hui, aussi bien que MM. Didion et Talabot, au premier rang des directeurs des grandes entreprises de l'industrie.

paration de Bazard. J'éprouve le besoin de te répondre.

» Tu es préoccupé d'un besoin de réalisation *industrielle*, soit par le souvenir de nos séances d'ouvriers de la salle Taitbout et de ce qui s'y rattachait, soit par l'influence des idées de Fourier et de la correspondance de Jules. Tu as même tant soit peu pris la langue de ceux-ci : l'*harmonie*, l'*accord*, le *concert-social*, la *variété des fonctions*..... Avant d'examiner ta lettre en détail, je suis bien aise de te demander si tu connais dans le monde une *fonction plus variée* que celle de nos apôtres et surtout que la mienne. Je te demanderai encore avec quels *instruments de travail* tu voudrais que nous fissions une œuvre industrielle digne de fixer l'attention publique, nous qui vivons au jour le jour; je désirerais aussi, si tu connais de meilleurs moyens que les nôtres pour se procurer des *instruments de travail*, que tu nous les indiquasses, car c'est ce qui manque totalement à Fourier, à Jules aussi bien qu'à Coëssin; enfin je te prie de nous désigner quelle est cette œuvre industrielle éclatante, cette *campagne d'Égypte* du nouveau Napoléon que tu voudrais nous voir entreprendre si nous avions de l'argent; car la publicité donnée à ce projet serait peut-être elle-même le

moyen de trouver ces instruments de travail; prends
garde, en te creusant la tête, d'accoucher d'un phalanstère.

» Tu veux que nous complétions notre marche
en donnant au *principe industriel* le rang qu'il
mérite, en l'entourant du *prestige des arts.* Ce
prestige coûte cher, et, je te le répète, les millions
n'abondent pas; leurs possesseurs sont difficiles à
convertir; tu en sais quelque chose, car je ne sache
pas que tu aies encore converti un seul *propriétaire :*
Fourier et Jules n'en convertissent pas beaucoup
non plus.

» Tu regardes que le célibat pour l'apôtre conduit à l'hypocrisie ceux qui ne sont pas taillés sur
le patron *chrétien;* or, je te déclare que je ne suis
ni chrétien ni hypocrite ; il est vrai que tu ajoutes,
que s'il n'y a pas hypocrisie, il y a au moins *sacri-*
fice, et qu'*à ce titre* tu regardes comme *immorale*
la position de l'homme déjà marié, qui se soumet à
ce *sacrifice, à ce titre ?* — Bazard m'avait reproché de soutenir cette doctrine, qui n'a pourtant
jamais été la mienne, et j'ignore où tu l'as puisée,
elle est anti-sociale. Il est vrai, le *sacrifice* n'est pas
la vertu *capitale,* selon notre dogme; il n'est pas la
vie sacerdotale, mais il est un aspect précisant de
la vie, seulement il change de nature et de forme,

il n'a pas comme mérite religieux le caractère expia-
toire, mais il est un moyen de progrès [1]....

» Toi qui dis si bien qu'on te demande *pourquoi
le célibat,* quand les *masses souffrent et que le
choléra* les moissonne? tu aurais réponse à cette
demande, si, au lieu de *masses,* tu avais écrit *femmes,* et au lieu de *choléra, prostitution* et *adultère.*

» Je ne sais pourquoi tu te fausses ainsi le cœur,
cher enfant, car tu aimes la femme; tu restes à la
philanthropie pour le *prolétaire,* et encore pour le

1. Ici Enfantin ajoutait :

« Tu dis qu'il n'y a pas exploitation de la femme par ce fait
seul que l'on est marié sous l'ancienne loi, mais bien par celu
que l'on ne pourrait se marier que sous la loi nouvelle, c'est-à-
dire pas du tout... Tu dois conclure de cela :

» 1° Que je ferais mieux d'aller acheter des filles publiques
que de garder le célibat; or, je te le dis, ne fût-ce que pour évi-
ter la grimace que je ferais si j'étais reconnu dans une de ces
bonnes maisons, le célibat serait plus attrayant pour moi que
les plus belles filles;

» 2° Qu'il vaudrait mieux exploiter la femme en l'épousant
selon la loi ancienne que de l'exploiter en ne se mariant avec
aucune. A cette seconde conclusion, j'avoue ma faiblesse *argu-
mentative;* aussi n'ai-je contraint *logiquement* aucun mari, ni
même employé de sollicitations d'aucun genre, pour les forcer à
quitter leurs femmes; seulement, je sens que, pour appeler la
femme à une vie, à une *union nouvelle,* il est plus convenable
d'être en dehors de l'union ancienne, ce qui ne veut pas dire
qu'on ne puisse faire de très-bonnes choses étant marié; seulement, on ne peut être *apôtre,* c'est-à-dire *appeleur* de la femme
à une destinée nouvelle. »

prolétaire *mâle;* tu n'as donc jamais songé à ce que serait la doctrine, s'il y avait seulement autant de femmes que d'hommes qui la fissent grandir, et je parle de femmes qui seraient *relativement* ce que nous sommes, c'est-à-dire dévouées, intelligentes et fortes. Je t'assure que je m'occupe peu en ce moment de convertir des ingénieurs, des savants et des littérateurs, le temps est passé, ni même des ouvriers cordonniers, tailleurs, etc. C'est aussi du vieux; mais il n'y a pas, grâce à Dieu, dans le monde, que des ingénieurs et des maçons, que des savants et des industriels, il n'y a pas que des *hommes,* il y a des *femmes;* elles valent bien la peine qu'on s'occupe d'elles. Or, Saint-Simon ne l'a pas fait, et nous-mêmes, depuis sa mort, nous sommes restés sept années sans leur adresser la parole ; c'est bien honnête, cela est même fatigant, pour des hommes qui ont dans l'âme une sympathie plus *catholique* que celle des chrétiens. Aussi, dès à présent, tu peux te tenir pour averti que tous mes *actes* seront conçus actuellement sous cette inspiration presque exclusive : que diront les femmes? comment nous faire connaître d'elles? comment leur inspirer le besoin d'avenir religieux qui nous presse? quelles preuves de vertu, de courage, de *dévouement* et de gloire devons-nous leur fournir

à l'appui de nos sublimes, mais audacieuses prétentions, pour qu'elles y ajoutent foi, et je te réponds
qu'en suivant cette inspiration tant soit peu chevaleresque, *nous compléterons mieux notre marche,*
comme tu dis, qu'en faisant de l'*industrie at-
trayante.*

» Maintenant la discussion proprement dite est
finie avec toi ; mais il ne suffit pas que je te fasse
comprendre, tu dois *sentir,* car tu as parlé de notre
retraite, non-seulement en aveugle, mais en homme
qui ne sent pas la mission des *apôtres :* tu as parlé
de décrotteurs et de balayeurs, parce que tu ne sens
pas la vie de ceux qui veulent que leur vie soit un
symbole de la destinée générale qu'ils annoncent à
tous les hommes ; du reste, tu n'en as parlé ainsi,
que parce que tu connais jusqu'ici les *pensées,* les
écrits et les *paroles,* mais parce que tu ne te doutes
en aucune façon de ce que peuvent être leurs *actes.*

» Relis d'abord, je te le demande, non comme
pénitence, mais comme éducation, les *actes* des
apôtres du Christ, rappelle-toi aussi quelques-uns
des grands saints, Ambroise, et la vie de l'ermite
Pierre ; demande-toi ensuite, toi qui es très-bien
convaincu du peu de considération dont nous jouis-
sons aujourd'hui, et qui sais cependant que l'avenir
nous réserve une autre gloire que celle de *journa-*

listes, demande-toi quelle disposition le corps apostolique doit présenter, pour produire des *actes* analogues à ceux que je viens de te rappeler.

» Il faut, avant tout, que les apôtres soient (ne ris point) de *bons coucheurs,* de bons enfants rompus à une vie commune bien à jour, qu'ils se connaissent et se sachent du bout des cheveux à la plante des pieds ; il faut de ces caractères qui vivent partout, de tout, et avec tous ; il faut des hommes moulus par les pauvretés journalières, et cependant tellement vivaces qu'ils se relèvent toujours et toujours plus grands. Il faut Michel, Bouffard, Hoart, Flachat, Lambert, Fournel ; il faut aussi Rigaud, Olivier, Rousseau, Henri, Auguste Chevalier, Broët, Rochette, etc., car il faut tous ceux qui sont avec moi, et je ne te nomme que ceux que tu connais, à ce que je crois.

» Mon cher fils, il ne s'agit pas pour nous ni de faire une fabrique ou un chemin à grandes ornières, ni même de fonder un phalanstère ; quand bien même nous aurions les instruments de travail pour l'une ou pour l'autre de ces œuvres, ce n'est point là le *travail fait* que nous devons montrer au monde, aujourd'hui, pour qu'il nous connaisse et surtout pour qu'il nous aime ; aussi m'inquiétais-je peu du règlement des *fonctions fixes* et *variables,* d'ordonner les *occupations* et les *plaisirs*, le *travail* et le *loisir* d'un atelier pacifique qui nous fasse *connaître*, parce que c'est le mot dont tu te sers, mais je trouve presque que nous sommes trop *connus*, car vraiment je ne songe qu'à nous faire *aimer, admirer, respecter, glorifier;* quand bien même les actes que nous ferons pour cela seraient tellement pleins de *grandiose* qu'il en résultât d'abord, pour quelques-uns, ne t'en déplaise, presque de l'*idolâtrie délirante*, car enfin il est bien juste qu'il y ait un contre-poids à la *haine violente;* or, celle-là nous l'aurons de quelques-uns, d'autres pourront donc payer notre apostolat d'une autre monnaie.

» Te dire quels seront ces actes, je ne le saurais; ils auront certainement le caractère instantané et non étudié, prévu, préparé, directement du moins. Ils sont préparés *indirectement* par notre retraite actuelle; elle n'a pas d'autre but. Il faut que nous en sortions noyau compacte et imbrisable, et que chacun de nos pas soit plus fécond d'engendrement à la vie nouvelle que ne l'ont été nos belles paroles de rhétorique, nos superbes discussions de publicistes à la Grotius, nos belles pages de dissertations économiques et métaphysiques. Pour cela notre vie doit être exempte de toute gêne extérieure et se déployer à l'aise, loin du regard profane, pour que nous prenions des habitudes qui nous soient propres et nous caractérisent, aussi bien qu'un prêtre et un militaire se distinguent même en habit bourgeois. Il faut que la nature apostolique se forme, pour cela nous devions d'abord sortir de notre coquille monsignienne où nous étouffions, et ensuite laisser derrière nous nos habitudes de maîtrise et d'oisiveté, faire notre corps au travail et à l'exercice, nos voix aux chants, nos oreilles à l'harmonie, nourrir notre esprit de la connaissance du *monde*, faire voir Dieu à nos enfants dans les *astres*, sur la surface du *globe* et dans ses *entrailles*, parler *musique* et *astronomie*, *architecture* et *géographie*, *poésie* et *géologie*. De là sortiront l'*hymne*, le *temple* et la *Genèse*.

» As-tu quelquefois rêvé à ces grands mots : *langue, prière, sacrifice, évangile, catéchisme, costumes, cérémonies ?* Tout cela ne s'invente pas à commandement, mais tout cela se prépare ; laissons aux enfants, qui nous aiment comme on aime des publicistes et des philosophes, le soin de continuer nos œuvres précédentes ; laissons-les dire que nous gâtons notre affaire, laissons-les déplorer nos injustices actuelles ; mais crois-moi, cher fils, je ne marche pas à reculons, mes jambes et mon âme sont solides et regardent l'avenir ; j'ai autre chose

à faire que de songer à me faire *adorer*, comme
tu le dis, par quarante hommes qui m'entourent, et
que de m'amuser à les annihiler en leur ôtant leur
individualité, par des protestations fréquentes; je
ne les avilirai pas non plus, sois-en sûr, par des
services personnels dégoûtants, comme tu le dis,
car je sais faire mon lit aussi bien qu'eux; ce n'est
pas inutilement que, pendant sept années, votre père
a vendu du vin qu'il mettait lui-même dans des
bouteilles que lui-même avait lavées; ce n'est pas
pour rien, qu'à cette époque, je mesurais le grain
sur l'aire et que je labourais avec le granger; ce
n'est pas pour rien que ce commerce de grain me
mettait en relation avec toute la valetaille des
grands seigneurs, et que j'ai vu la domesticité dans
tout son éclat et dans toute sa fraude; ce n'est pas
pour rien que j'ai voyagé durement sur la neige de
Russie, que j'étais aux barrières en 1814, et sur la
frontière des Alpes en 1815; ce n'est pas pour rien
que j'étais le plus fort joueur de balles et le plus fort
joueur de billard de Paris; ce n'est pas pour rien que
j'habite actuellement dans le lieu où mon père, colosse
de force, m'a donné un corps de fer, et où ma pauvre
mère m'a transmis, de son imagination ardente, la
part que Dieu voulut donner à l'homme qui devait
oser promettre aux femmes le mystère sacré de leur

maternité ; non, nous ne sommes pas venus ici pour
nous faire décrotteurs et balayeurs, car Ménilmontant n'est pas un phalanstère, il n'y a ni druides ni
ni hordes pour les égouts dans notre famille ; nos
travaux les plus rudes ne sont point des pénitences,
car nous avons fait tous de la chimie ou de l'ana-
tomie, et nous avons soigné nos enfants malades
sans être en *pénitence ;* mais garde-toi d'en conclure que nous faisions toutes ces choses dans le but
de les apprendre pour continuer, nous, à les faire
toutes et toujours ; non, nous ne sommes pas des
omniarques, et nous savons le prix de la division
du travail ; car vraiment nous ne songeons pas plus
à grandir dans la pratique du brossage et du dé-
crottage, pour notre avenir même assez prochain,
que je ne songeais à être toujours journaliste, quand
je faisais d'assez beaux articles dans le *Globe.*

» J'ai voulu, cher enfant, te consacrer un de mes
premiers jours de repos ici, parce que j'ai senti que
la position était grave ; ta lettre, je te le répète, est
très-mauvaise ; tu trouveras peut-être ma réponse
dure, mais tu verras, par sa longueur, ce que veut
dire ma dureté [1].

1. Cette lettre aurait pu servir de réponse à celle qu'avait
publiée M. T..., de Belgique, et qui a été reproduite en partie
dans notre sixième volume.

» J'aurais voulu pouvoir causer encore un peu avec toi de notre avenir, mais je ne suis pas oisif ici, nous avons moins de temps ici pour la correspondance que nous n'en avions à la rue Monsigny : d'ailleurs cette lettre suffira, je l'espère, pour te faire sentir la nécessité de venir nous embrasser, tu en as grand besoin : viens le plus tôt possible.

» ENFANTIN »

Quand cette lettre parvint à Capella, à Perpignan, il venait d'en adresser une seconde à Bouffard, dans laquelle il exprimait de nouvelles doléances. Le Père suprême en ayant entendu la lecture, reprit la plume pour répondre aux plaintes persistantes d'un disciple dont il tenait à conserver la confiance et l'affection.

« Cher fils, lui dit-il, ton père Bouffard m'a lu une lettre que tu lui as écrite, avant de recevoir la mienne; je ne l'ai pas gardée, mais j'ai été assez frappé de son caractère, pour profiter d'un moment de repos et t'écrire.

» Tu nous reproches, je crois, d'avoir vu avec insensibilité quelques-uns de nos enfants nous quitter, eux qui nous avaient tant aimés et donné tant de preuves de leur force et de leur savoir. Que diras-tu donc de toi qui veux nous repousser, nous qui t'avons donné, je pense, quelques preuves d'amour, de savoir et de puissance, et cela, parce que, dis-tu, tu m'as suivi tant que je te semblais en progrès, et que tu vois que je n'avance plus? Il me semble que ce que tu fais à notre égard est au moins comparable à ce que nous avons fait, si ce n'est que nous ne nous sommes séparés de personne plus que de toi, tandis que c'est bien toi qui te sépares de nous, et cela, contre tous les efforts que nous avons faits pour t'attirer complétement à nous. Réfléchis surtout à ce dernier mot de ta lettre : *j'attends;* songe que tu me quittes, parce que tu ne me vois plus marcher, et que tu attends quelqu'un qui marchera; or, si je te demande qui te présente plus que nous des chances de course glorieuse, je ne pense pas que tu en sois à croire que Transon et même Jules aient meilleures jambes que moi, ce serait trop fort! Si tu crois les avoir meilleures, à la bonne heure. Que si tu penses à Fourier, rappelle-toi que Jules, qui certes s'y est jeté à corps perdu, ne se déclare pas même le disciple de cet homme de génie : tirez-en la conclusion pour l'homme et la doctrine.

» Cher fils, la lecture de ma précédente lettre t'aura préparé, je l'espère, à la méditation. Je t'engage maintenant à peser ce que je te dis sur l'*insensibilité* que tu nous reproches : j'ai eu assez souvent le cœur brisé par les tiraillements de ces enfants qui se détachaient de moi, pour te demander comment tu compenseras chez toi la peine que tu dois éprouver en nous quittant : où est ta famille? quels sont les hommes qui t'aiment, qui sentent leur vie *pour toujours* liée à la tienne? pour toujours dussent-ils se tromper. Où est le *corps* auquel, en t'associant, tu puisses prêter, par ta pensée et par ton cœur, surtout, plus d'avenir qu'au nôtre? Crois-tu donc que nous voulons nous enterrer? Je n'ai pas l'âge de Fourier, ni même celui de Bazard, ni même celui de Rodrigues; je te réponds que je porte la tête haute, et que s'il faut que notre parole fasse *vivante* le tour du monde, j'ai la force de la porter aux pôles et sous la ligne brûlante. — Pauvre garçon, tu souffres, j'en suis sûr, et seulement dans quelques instants de rêves solitaires, tu fais des frais d'organisation industrielle, tu descends jusqu'aux petits détails des jardins et de la cuisine, tu vois les peuples transformés, en un clin d'œil, du mode *civilisé* au mode *sociétaire*, tu ne songes pas à ce qu'il faut qu'on dise à ROME et à CONSTANTINOPLE et à TOMBOUCTOU et à NEW-YORK, pour que les *écosseurs de pois* puissent former un groupe harmonique; le choléra t'émeut et tu voudrais que nous fissions quelque chose pour guérir un peuple malade. Il faut que ce malade *attende* et *appelle* son médecin, et pour se faire appeler par un peuple, par l'humanité, il faut s'être montré *haut* à ses yeux, et tu m'y verras, enfant.

» Mais tu as peur de l'*idolâtrie !* Eh bien, prends garde d'aimer et surtout d'aimer une femme, grande, sublime, reine ; prends garde, car l'amour divinise, et je te réponds d'avance, moi qui te connais, que tu seras idolâtre, si une main de prêtre ne pèse pas sur ton cœur. Je me rappelle ta première profession de foi ; sans nous, alors, tu retournais au *fétichisme.*

» Bonjour, cher enfant, écris-moi une bonne lettre, car je t'aime, et surtout mets de côté, pour un moment au moins, l'influence des correspondances de Paris. Jules, Transon, Cazeaux sont de bons camarades sans doute, mais Michel, Fournel et Lambert ne sont pas des hommes de rien, ni de mauvais cœurs. — ENFANTIN. »

De son fils selon la doctrine, Enfantin passe à son père selon la nature :

« Père, lui dit-il, j'attendais l'arrivée d'Holstein pour t'écrire, il me donne de bonnes nouvelles de vos santés à tous, mais à lui je ne trouve pas très-bonne mine. Notre vie d'ici lui fera du bien ; je l'espère ; elle est laborieuse, on se lève de bonne heure, et on se couche tôt, nous mangeons moins et faisons toute la journée usage de nos bras, de nos jambes, au beau comme au mauvais temps. Je voudrais bien, père, que tu m'envoyasses, à première occasion, une copie de ma lettre à Morin, elle a fait plaisir à Thérèse, et je suis sûr que beaucoup la liraient avec fruit. Tu dois pouvoir causer doctrine, sinon avec Eugénie qui s'y refuse encore, du moins avec Thérèse plus curieuse de ces choses ; et toi, qui discutais avec Holstein, et Thérèse qui me combat, vous devez tomber souvent d'accord dans vos critiques de nous, et aussi dans vos éloges ; malgré cela je pense qu'il y aura lieu quelquefois à de bonnes petites discussions bien vives, du genre de nos discussions dauphinoises ; nous avons de bonnes voix dans la famille quand nous nous échauffons, mais les plus grosses bouderies ne durent pas longtemps. J'ai reçu une lettre de Marre, par exemple, qui me raconte ses discussions avec Holstein, mais qui m'en parle toutefois en termes très-affectueux. Ne m'oublie pas près de lui et surtout d'Émilie, quand toi ou Thérèse leur écrirez ; Holstein me dit qu'Émilie m'aime bien ; elle a raison, c'est un *rendu* ; la plus ancienne amie de Thérèse doit m'aimer.

» Je suis tout près d'en finir complétement avec Ab..., et il me tarde d'en être là ; comme je te l'ai dit, malgré la faveur de la loi, je serais fâché que personne pût aujourd'hui te tourmenter, sinon légalement, du moins comme le dit le monde, selon l'équité, et tout le monde ne peut pas savoir la bonté de ta cause dans cette affaire. Ce n'est pas tout d'avoir sauvé sa liberté, il faut aussi se sauver des procès, car c'est être dans une véritable prison que d'avoir à en soutenir contre un homme comme celui-là ; je t'écrirai dès que ce sera fini.

» Voici la politique furieusement brouillée par la mort de Périer et le mouvement anglais, et aussi par la Belgique et la Hollande, par la Grèce et la Pologne, par don Pedro et don Miguel, enfin sur toute la terre d'Europe. Le mois de juillet sera encore chaud cette année, je le crois ; quant à *notre mois de juin*, il se prépare assez bien. Nous n'aurons peut-être pas très-grand monde à notre convocation, mais il y en aura assez pour former un bon noyau d'hommes solides qui aiment ton fils avec énergie et tendresse. Il y a surtout avec nous maintenant et tout près de nous, quelques prolétaires qui sont des gaillards de haute puissance, à qui Dieu a donné un grand rôle à jouer. Ce sont des *prolétaires*, des ouvriers qui nous initient à la vie du *peuple*, et qui sont bien capables de travailler à l'amélioration de son sort ; nous autres bourgeois,

nous ignorons tant de choses du peuple, même
ceux d'entre nous qui l'ont vu de plus près; nous
sommes si habitués à nos tons de maître, même
lorsque nous voulons être le plus bienveillants.

» J'ai reçu la bonne lettre de Thérèse sur un
petit papier en six feuilles écrites fin et serré, elle
m'a fait grand plaisir. Dis à Eugénie que c'est une
méchante si elle ne m'écrit pas aussi quelquefois.
Croit-elle donc que j'aie oublié tous leurs petits ennuis, toutes leurs occupations? Rien que les noms
de Rose et de Lise, dans la lettre de Thérèse, m'ont
fait du bien. Je te prie, père, d'embrasser ces deux
bonnes filles pour moi. Thérèse ne m'en nomme
pas d'autres, mais dis à Eugénie et à elle que je
voudrais, en souvenir de moi et par toi, donner
une poignée de main et une embrassade à tous ceux
qui m'ont aimé et sont autour de Curson; au ma-
réchal en particulier, et à sa gentille femme à
si douce figure, à S..... et aussi à Clavéson de
Romans qui est un brave homme avec lequel j'a-
vais déjà bien appris ce que c'est qu'un ouvrier. Si
Jean, frère de notre ancien Piddi, vient à Curson,
dis-lui aussi un bonjour pour moi. Il faudra bien
que j'aille voir un jour, et bientôt j'espère, toutes
ces choses et tous les souvenirs que j'aime et où j'ai
puisé tant de bonne vie.

» Ménilmontant est mon premier pèlerinage, Curson en sera bien un aussi.

» Adieu, père, j'attends Holstein qui doit entrer définitivement ici aujourd'hui et qui ajoutera peut-être un bonjour à ma lettre.

» Je vous embrasse tous trois. — P. Enfantin. »

A la même date (20 mai 1832), Michel Chevalier écrivait à Brisbane, citoyen des États-Unis à Berlin :

«.... Le *Globe* a cessé, parce qu'il avait cessé sa tâche; des apôtres esquissent, ils ne terminent pas, ils ébauchent; des apôtres n'ont pas le génie propriétaire : à leurs statues ils ne font pas les ongles, ni les mèches de cheveux; en politique, ils posent des têtes de chapitre et ils livrent leur canevas à d'autres pour le remplir. C'est ce que nous avons fait; le canevas étant terminé, nous le laissons au plus digne; nous somme sûrs qu'il ne restera pas dans l'oubli, et nous passons à une autre œuvre; nous ne donnons pas notre monnaie à nous-mêmes; j'ai d'ailleurs de bonnes raisons de croire que d'autres la donneront et bientôt, attendez-vous-y.

» Aujourd'hui la presse est imprégnée de nous; au *National*, plusieurs sont imbibés de nos idées jusqu'à saturation. Il en est de même au *Temps* et au *Commerce*. Notre père compte des hommes qui se disent ses fils, presque partout. Aux *Débats*, c'est Joncière; au *Temps*, Guéroult; la *Revue encyclopédique* n'est pas autre chose. En province, Cazavan est devenu gérant de la *Gazette constitutionnelle*, de l'Allier; le *Journal de Rouen*, le *Mémorial de Dieppe*, le *Précurseur de Lyon*, l'*Indicateur de Bordeaux*, le *Patriote du Calvados*, le *Courrier de la Sarthe*, le *Contribuable de la Haute-Vienne*, etc., en contiennent mille germes. A la première occasion, tout cela fera explosion. A quel propos maintenant ferions-nous un journal?

» Au reste, nos procès s'aplanissent; celui avec Rodrigues est terminé : les scellés qu'il avait fait mettre vont être levés; j'ignore ce qu'il va devenir. Le procès avec le gouvernement traîne encore; il nous inquiète infiniment peu, quoique le parquet y mette fort mauvaise grâce. L'autre jour, notre père a été appelé encore une fois devant le juge d'instruction au sujet du testament de Robinet; c'est un incident de mince importance. Or, voyez l'anarchie des sociétés modernes, le même jour où notre père était obligé d'enfreindre la loi de retraite qu'il s'est imposée à Ménilmontant, et de venir, en vertu d'un mandat de comparution, en présence d'un juge subalterne, fort honnête d'ailleurs, M. Barbou, juge d'instruction, le même jour j'allais voir le

ministre de la justice et je causais politique avec
lui pendant une heure et demie. Le ministre m'engagea beaucoup à revenir, me pria de voir le ministre du commerce avec lui. C'est une heure après
que j'étais sorti, ainsi traité, du cabinet du grand
juge, que le P. Enfantin allait subir l'interrogatoire du petit juge.

» L'apôtre est mobile; il passe aisément d'une
phase à une autre ; or la phase nouvelle, celle à la
porte de laquelle nous sommes venus frapper mainte
fois, va s'ouvrir à deux battants. A Ménilmontant,
au milieu de cette existence active, échange continuel de services personnels (car la domesticité y est
sérieusement et radicalement abolie), toutes les vies
se mêlent les unes aux autres, les fibres se frottent
à nu, les caractères se dégagent, les individualités
se dessinent, les cœurs se *mettent en perce* et s'é-
panchent, le cœur est le principal agent de cette
vie nouvelle; or, cela veut dire :

» Que la hiérarchie d'*amour* se fonde au lieu
d'une hiérarchie de *raison*, — que la RELIGION vient;
car Dieu est là où les hommes s'aiment pour une
œuvre éminemment *catholique;* rien ne dispose
aux élans RELIGIEUX comme les joies de la FAMILLE.

» Que l'art nouveau se constitue; que la POÉSIE,
le COSTUME, la MUSIQUE s'implantent dans l'apos-

tolat, l'art est le levier, avec lequel nous remuerons le cœur de l'humanité, c'est-à-dire les *femmes*, les *artistes* et les *prolétaires*. L'art nous fera *aimer* et *admirer ;* nos travaux actuels nous ont plutôt attiré considération et estime.

» Or, la *hiérarchie*, la *religion*, l'art sont les plus puissants moyens de propagation, c'est la propagande *universelle*. Le plus sûr moyen d'avancer, c'est de se faire *aimer*. C'est là surtout que réside toute notre théorie financière de l'avenir. On ne donne d'argent qu'à ceux qu'on aime. Les collectes des philantropes ne produisent rien ; nos plans industriels ne nous vaudront pas un centime, soyez-en sûr, et d'ailleurs pour en commencer la réalisation, il faudrait des millions ; c'est un cercle vicieux.

» A Ménilmontant, la famille reçoit une autre initiation capitale. Il y a longtemps que notre Père a dit : notre hiérarchie a la peau trop blanche, à Ménilmontant la peau se brunit ; les mains deviennent calleuses, de sorte que quand le prolétaire les pressera, il sentira que ce sont des mains amies, et il en sera fier, car il sent, le prolétaire, qu'en sa nature il y a quelque chose de grand et de beau qui manque à la molle bourgeoisie. Nous sommes bourgeois encore, nous. Notre parole ne va qu'à des oreilles bourgeoises, il faut que nous puis-

sions être sentis de tous, que nous nous inoculions
la nature *prolétaire*. Les rudes travaux de Ménilmontant y pourvoient. Se lever à cinq heures du
matin au son du cor, se livrer aux travaux domestiques dans toute leur étendue, manier la brouette
et la truelle, jardiner, bêcher, sarcler; à cinq heures
se mettre en grande tenue, dîner, converser, chanter,
faire de la gymnastique et coucher sur un hamac,
observer un religieux célibat, tout cela durcit étran-
gement de jeunes hommes. Notre Père parachè-
vera cette œuvre, en conduisant ses enfants dans de
longues marches.

» Tout cela nous donne le caractère apostolique
et le don des langues. Ah ! bientôt le *prolétaire* sera
parmi nous; il y apportera une poésie neuve et en-
traînante. Victor Hugo et Lamartine sont des poëtes
de salon, il n'y a qu'un poëte populaire en France,
c'est Béranger; mais Béranger est un *consolateur*,
et il faut aux peuples un barde qui les *inspire* et
les *embrase*. Peut-être ce barde est-il parmi les
prolétaires qui nous entourent déjà ! nous en voyons
de bien remarquables. Dimanche dernier, j'ai causé
avec un menuisier qui est plein d'avenir. Nous
comptons encore parmi nos fidèles des types supérieurs. L'un tailleur de pierres, l'autre charron.
Dieu est grand ! car dans notre corps apostolique la

complète fusion du prolétaire et du bourgeois va enfin être couronnée. Le pacifique conquérant sortira alors de sa retraite.

» Mon cher Brisbane, je sais combien à deux cent cinquante lieues on est avide de détails sur les hommes qu'on aime, et je voudrais pouvoir vous en donner; je voudrais vous faire assister au spectacle d'un de ces dîners de Ménilmontant qui me transportent toutes les fois que j'y vais (car je suis resté a Paris pour m'occuper des affaires extérieures, je suis avec mon frère Bouffard qui lutte avec une héroïque persévérance contre les difficultés sans fin de notre position financière) je voudrais vous montrer notre Père, avec un visage calme, au milieu de ses dix apôtres, ayant à droite et à gauche la famille, je voudrais vous dépeindre ces commencements de costume et de rite, la musique qui ouvre et finit le repas, ces teints hâlés, ces physionomies dont la gravité s'accroît par la majesté de la barbe. Je songe que si les chemins de fer que je traçai naguère existaient, vous viendriez en vingt-quatre heures environ savourer toutes ces choses au 1er juin. Je songe que je pourrais aussi aller passer avec vous quelques heures et embrasser les hommes de cœur en qui vous avez eu le bonheur de déposer la foi nouvelle. Mais le jour n'est pas loin où s'accompliront

ces grandes entreprises. Avant un an le chemin
de fer de Paris à Strasbourg sera commencé ; tout
me porte à le croire.

» Après cela, mon ami, il n'est pas hors de propos que la société cuve un peu dans le mystère la pâ-
ture dont nous l'avons gorgée; la révélation morale
lui est restée dans le gosier, mais elle passera.
Après tout, il n'est pas difficile de comprendre que
ce qui est bien et mal pour la femme, doit être bien
et mal pour l'homme, que l'indissolubilité du mariage constitue les deux époux en un déplorable
état d'atonie et d'indifférence, que le plus haut at-
trait qu'il y ait au monde, c'est celui de l'homme
pour la femme et de la femme pour l'homme; que
ce doit devenir dès lors le principal ressort de
la société et du gouvernement, à condition d'une
bonne réglementation. Il n'y a pas de circonstance
où un homme se développe mieux que lorsqu'il
veut plaire à une femme et réciproquement. Le suprême de l'art social n'est-il pas d'en tirer parti
pour le progrès de tous?

» Heureusement *Fourier* est venu juste exprès
pour faire paraître très-modestes les prétentions de
la morale nouvelle. Fourier n'a compris qu'une
des faces de la *morale*, la *mobilité*, et il l'exalte exclusivement. De là ses relations éminemment licen-

cieuses d'hommes et de femmes ; Fourier fera
pour nous l'effet d'un repoussoir. Il n'est pas sans
prendre aujourd'hui quelque importance, autant
qu'en peut acquérir un bizarre système bâti en l'air.

» Je vous embrasse. — MICHEL CHEVALIER. »

Le même jour Bazard, qui avait publié récem-
ment la seconde partie de sa réfutation[1] des théories d'Enfantin, était amené à écrire une longue
lettre apologétique à Rességuier, pour justifier le
ton de sa polémique qui n'avait pas paru à ce dernier suffisamment exempte de causticité et d'aigreur.
Nous citerons en entier cette vive et remarquable
réponse, car elle témoigne que Bazard, quoique séparé d'Enfantin, n'avait rien perdu de sa foi en
Saint-Simon, et qu'il garda vis-à-vis de ses anciens

---

1. Dans cet écrit, Bazard s'exprimait ainsi sur le divorce :

« La loi du divorce n'a pu être légitimement réclamée dans
ces derniers temps que parce que l'inégalité, primitivement établie par la société militaire entre l'homme et la femme, s'était
successivement affaiblie. Elle ne pourra être instituée en toute
justice que lorsque cette inégalité ayant complétement disparu,
et la femme se trouvant individuellement comme l'homme en
possession de la capacité religieuse, politique et civile, vivant
alors d'une vie propre et non plus empruntée, le divorce ne
sera plus pour elle, comme il l'a été jusqu'ici, une véritable dé-
gradation. — Et cependant, dans cet état même, le divorce sera
toujours un événement douloureux, le signe, dans l'institution
sociale tout entière comme dans les individus qui le subiront,
d'une imperfection d'amour et de lumières, que les efforts de
tous devront tendre sans cesse à faire disparaître. »

disciples, entraînés par lui dans la dissidence, le sentiment de la supériorité qu'ils lui avaient reconnue :

« Mon cher Rességuier, disait-il, j'allais répondre au scrupule que vous m'exprimiez dans votre dernière lettre et à cette occasion entrer dans quelques développements de doctrine, que je crois nécessaires aujourd'hui, pour que nous puissions réciproquement apprécier notre langage et nos actes, lorsqu'est arrivée votre *excommunication* filiale.

» Ici je dois vous avouer ma complète imprévoyance ; rien ne m'avait préparé à cet événement ; il m'a fallu plusieurs fois relire votre lettre pour être sûr de son contenu, et, en ce moment encore, je cherche vainement à m'expliquer tant d'émoi et de précipitation.

» Un journal porte un fait à votre connaissance, ce fait est d'un homme dont, depuis sept ans, vous suivez la direction, dont vous venez, dans une occasion solennelle, d'approuver la conduite et d'embrasser la doctrine, et cependant voilà que, sans attendre de lui aucune explication, sans vous demander si ce qui vous paraît violence de sa part ne pourrait pas être modération, si en prenant à temps un langage sévère, il n'a pas voulu arrêter le cours de procédés qui plus tard auraient nécessité plus de rigueur, vous n'hésitez pas à le considérer comme un maniaque et un furieux, qui veut tout brouiller et tout perdre. Voilà enfin que cet homme, que vous appelez encore votre Père, vient de porter pour tous le poids d'une crise longue et douloureuse, aussi douloureuse qu'il soit possible de le concevoir, et vous n'éprouvez aucun scrupule à venir de nouveau lui déchirer le cœur, sans prendre le temps même de vous informer, afin d'agir au moins en connaissance de cause. Est-ce là, je vous le demande, Rességuier, est-ce là de la modération ?

» Comment ne vous est-il pas venu à la pensée que la doctrine ne constituait pas pour vous et pour moi, là où je suis, là où vous êtes, une position identique, au moins sous le rapport des nécessités et des convenances dans la conduite journalière ? Êtes-vous exposé au contact de tous les mouvements des partis divisés ? Avez-vous sous les yeux le spectacle de jeunes filles dont l'avenir semble compromis pour toujours ? de familles entières dont le bonheur est détruit ? d'époux longtemps unis et maintenant divisés, dont quelques-uns peut-être vont payer de leur vie les douleurs de ce déchirement ? Avez-vous, au même degré que moi, par vos antécédents, la responsabilité de toutes ces misères et le devoir d'en arrêter le cours ? Je ne veux pas

dire assurément que ce qui me touche si profondément vous soit étranger, mais comparez, je vous
prie, et vous verrez que, sous tous les rapports, il
y a presque entre nous la différence de la spécula-
tion à la réalité, de l'abstraction à la vie. Direz-
vous que plus on est en dehors d'une position de
cette nature, et plus on est en état de la juger sai-
nement ? Je ne pense pas que vous tombiez dans ce
préjugé vulgaire.

» La violence vous répugne, Rességuier, et c'est
à bon droit, car la violence est le règne de la force
brutale, de la haine, de la guerre; et, lorsque, pour
la première fois, vous m'avez exprimé vos craintes
de la voir intervenir dans nos débats, je vous en ai
su bon gré, j'aurais été fâché que ce scrupule ne vous
vînt pas, dût-il être exagéré. Mais, dites-moi, je
vous prie, tout ce qui rend aujourd'hui la violence
condamnable ne peut-il pas se retrouver sous d'autres formes, et d'une manière plus dangereuse, plus
détestable encore ? Relisez par exemple les articles
du *Globe*, dans lesquels Enfantin parle ou fait
parler de ce qu'il appelle les dissidents, et demandez-vous si son doucereux langage, si ses insinua-
tions, ses réticences à leur égard, si la manière lar-
moyante et *paternelle* dont il les caractérise, ne sont
pas de nature à produire plus de mal que ne pour-

raient le faire les injures les plus grossières, les accusations les plus violentes. Relisez en particulier le
passage du *Globe* dans lequel Michel prétend que
c'est par *respect*, par *amour*, par *reconnaissance
pour Rodrigues*, qu'il n'a point inséré ses lettres..... Croyez-vous qu'il soit possible de porter une
atteinte plus forte et d'une manière plus perfide à
la considération d'un homme, d'ouvrir à toutes les
hypothèses fâcheuses sur son compte une carrière
plus large et plus arbitraire?

» Enfantin et les siens disent que pour leur part
ils n'auront jamais recours aux *moyens coërcitifs
du droit*. Mais, s'il vous plaît, qu'est-ce que cela
prouve, s'ils se refusent à toutes les justes réclama-
tions qu'on leur adresse, et s'ils ne laissent d'autres moyens d'obtenir de leur part légitime satisfaction, de se préserver du mal qu'ils peuvent faire,
ou d'en préserver les autres? Il y a aujourd'hui,
dans la société, une foule de gens qui aussi pourraient se vanter de ne recourir jamais à la coërci-
tion légale et qui en sont nécessairement atteints;
est-ce à dire que ces gens-là soient l'élite de la société, ou qu'ils soient supérieurs en moralité à
ceux qui déploient cette force contre eux? Ce qui
est vraiment détestable, ce qui est aujourd'hui justement flétri d'une voix unanime, c'est l'hypocrisie,

la tartuferie, le jésuitisme, c'est la haine sous le masque de l'amour, la guerre sous les formes de la paix; c'est la rage prenant l'attitude du calme et le fiel le langage de la tendresse. Voilà ce que dans aucun temps rien n'a pu et ne pourra jamais justifier. Eh bien, lisez le *Globe*, et c'est ce que vous trouverez dans chacune des lignes où il est question de nous. Mais qu'est-ce que le *Globe*, qui, à la distance où vous êtes, peut seul vous faire assister à cette manœuvre, en comparaison des propos, des discours qui incessamment viennent retentir à nos oreilles, et des menées de toute espèce qui se passent à chaque instant sous nos yeux.

» Mais vous me direz peut-être que vous pouvez condamner la conduite d'Enfantin sans approuver la mienne? Je pourrais bien contester cette logique, mais je passerai outre volontiers pour me placer sur un terrain plus large.

» A chaque instant de la vie humaine, aussi bien dans l'ordre des relations les plus générales que dans celui des relations les plus intimes, il se présente des faits, des nécessités pénibles, destinés à disparaître un jour, et qu'en attendant un instinct admirable nous avertit de tenir dans l'ombre, comme le plus sûr moyen de réduire leur importance actuelle et de hâter leur fin. Il peut arriver cependant que quelque circonstance imprévue vienne écarter tout d'un coup le voile prudent qui les couvrait; dans ce cas, il faut avoir la force de les considérer face à face. Une de ces nécessités vient de se dévoiler pour nous; parlons-en, parlons de la loi *de la crainte*, et cherchons, sans préventions puériles, ce qu'il peut y avoir encore aujourd'hui de légitime et de nécessaire dans cette puissante sanction des religions du passé.

» On a dit et écrit mille fois parmi nous, et cela à mon grand regret, que dès ce jour nous entrions dans une ère où il n'y aurait plus de douleur, ni de sacrifice; où la mort serait une joie, le divorce une fête, et où la société, pour se perfectionner et se conserver, n'exigerait plus de privation ou d'abnégation de la part d'aucun de ses membres; on peut justifier cette illusion, on peut même facilement lui trouver une face louable, mais c'est une illusion. Assurément, l'homme ne doit plus se courber passivement sous la douleur, et l'accepter avec résignation comme une nécessité qui lui soit supérieure; il doit au contraire la combattre activement, avec la foi qui lui a donné la puissance de se soustraire à son empire. Il ne doit pas davantage considérer ce sacrifice comme une loi éternelle, et comme le seul moyen pour lui de mériter; confiant au contraire dans la bonté infinie, il doit n'y voir qu'une loi passagère, et s'efforcer, en travaillant à identifier de plus en plus le bonheur de chacun avec le bonheur de tous, d'en amoindrir sans cesse la nécessité, et enfin de la faire disparaître. Mais tant que l'humanité n'aura pas atteint la plénitude de son développement, tant qu'il y aura disproportion entre ses désirs et sa puissance, opposition dans son sein entre les volontés individuelles, ou autrement, tant que l'harmonie parfaite ne sera point établie entre l'homme et la nature, entre l'homme et l'homme (et cette harmonie est elle-même toute la carrière de progrès qui nous est ouverte) la douleur, à différents degrés, existera pour nous, et à différents degrés aussi, pendant tout ce temps, le sacrifice sera pour tous une condition essentielle de progrès, et par conséquent, pour tous, *une vertu*.

» On a dit et écrit tout aussi souvent que dans la phase nouvelle qui s'ouvrait pour nous, et par nous, il ne devait plus y avoir de lutte, d'antagonisme, plus de sentiment hostile, plus de place pour la sanction de la *loi de crainte* : c'était sous une autre face la même proposition et la même erreur. Tant que l'association ne sera pas complète, tant que chacun n'aura pas trouvé sa place véritable, c'est-à-dire une libre issue au plein développement de ses facultés, et autour de lui des appuis, des auxiliaires, et non des compétiteurs, des rivaux ; tant que de son point de vue particulier, chacun n'aura pas découvert, dans toute son étendue, l'horizon humain et senti vivre en lui tous les hommes (but éloigné encore et qui ne sera atteint que successivement, même après l'adoption de la foi qui le promet et qui doit y conduire), il y aura dans l'humanité (à un degré quelconque) lutte, antagonisme, hostilité, et par conséquent, bien que dans des limites de plus en plus réservées, intervention légitime et nécessaire de la *loi de crainte;* expression constante de l'existence de l'antagonisme, et dont l'intensité et la nécessité ont toujours été en raison des lacunes de l'association. Mais, sous l'empire de la religion nouvelle, cette loi dont, pour la première fois, la fin est décidément voulue et formellement annoncée, doit subir une modification profonde, non plus seulement dans l'intensité de son action, mais avant tout dans la moralité de son emploi.

» Jusqu'ici, lorsque la division est survenue entre les hommes, non-seulement ils se sont abandonnés sans réserve aux mouvements d'antipathie qui s'élevaient en eux, ils se sont même fait un devoir, une gloire en quelque sorte, de donner à ces sentiments l'expression la plus violente, n'attendant, en

première ligne, le triomphe de leur cause et la manifestation de leur propre dignité, que de l'anéantis-
sement et de l'humiliation de leurs adversaires ; et
cela devait être, dans la croyance au partage de
l'humanité entre deux principes souverains éternellement ennemis. Mais cette croyance venant à disparaître, la moralité, admise dans la lutte et la division du passé, doit disparaître aussi : et d'abord,
avant tout, c'est en s'efforçant de faire sentir et de
montrer la supériorité de leurs sympathies, de
leurs doctrines ou de leurs œuvres, que les hommes
en dissentiment doivent aujourd'hui se proposer le
succès, s'attachant non plus à humilier, à écraser
leurs adversaires, mais à les convertir, à toucher
leurs cœurs ; ce qui doit toujours leur paraître possible, ce qu'ils doivent toujours espérer du moment
où ils ne croient plus à l'existence absolue du mal,
à la réprobation éternelle. Il ne leur est plus permis
enfin de recourir à la loi de crainte, quelque adou-
cies que puissent être ses sanctions, qu'autant
qu'ayant épuisé l'action conciliatrice, ils ne voient
plus d'autre moyen d'arrêter les entreprises du
mal, et qu'autant encore que, sûrs de ne céder
à l'impulsion d'aucun ressentiment personnel, ils
peuvent, dans la profondeur de leur conscience, se
rendre témoignage qu'en agissant ainsi ils ont

bien réellement en vue l'intérêt général, et s'il est possible, par un effort de vertu, l'intérêt de ceux-là même qu'ils se décident à frapper.

» Voilà, sur cette importante question, le nouveau progrès, le progrès réel.

» Je sais ce que peuvent le mensonge et le sophisme ; je sais qu'il est facile aux sentiments les plus étroits, les plus égoïstes, les plus condamnables, de donner à leur expression la couleur du bien public, mais cette exception ne s'adresse pas plus particulièrement à la règle que je viens de poser que toutes les autres règles de morale ; cela prouve seulement qu'il y a des hommes capables d'abuser de tout, de tromper et de faire le mal sous les dehors du bien ; ceux-là, plaignons-les et tâchons de les changer, en faisant d'abord tous nos efforts pour soustraire le monde à leur influence.

» Je sais enfin tout ce qu'il y a de dangereux aujourd'hui, lorsqu'il y a encore tant de fiel dans les cœurs, à légitimer l'emploi de la loi de crainte et en quelque sorte à la sanctifier ; et c'est pour cela aussi que je vous disais à l'instant qu'il existait des nécessités fâcheuses qu'il fallait savoir accepter en silence, sous peine, en les débattant, d'accroître leur importance ; mais ce qu'il y a de plus dangereux encore, de plus contraire

au progrès, ce sont les exagérations, les illusions, les chimères qui tôt ou tard s'évanouissent,
ne laissant après elles que le scepticisme ou le
dégoût.

» Je n'ai point oublié, cher fils, la phrase que
vous me citez dans votre avant-dernière lettre ; plus
que jamais je suis pénétré du sentiment qui me l'a
dictée, et plus que jamais aussi je me sens en état
de tenir l'engagement que j'y ai pris, car sous le
rapport de l'irritation personnelle, qu'est-ce que
nos débats d'aujourd'hui, en comparaison des luttes
de tous les moments, des jours et des nuits, des
luttes de corps à corps, d'où je sortais à peine lorsque j'écrivais ces lignes? Mais il faut s'entendre
sur la valeur, la moralité de l'engagement qu'elles
renferment ; sur ses possibilités pratiques, sur les
limites enfin dans lesquelles il peut être, il doit être
tenu ; je viens, à cet égard, de poser quelques
bases, je vous engage à les méditer.

» Il faut maintenant que je vous parle de moi ; je
n'aime pas ce genre d'argumentation, mais ici j'en
sens le besoin et la convenance. La position que depuis si longtemps j'ai prise à votre égard, l'influence
que j'ai exercée sur votre vie, influence dont la
trace ne saurait plus être effacée, quoi qu'il arrive,
l'affection, la confiance que dans un temps vous

m'avez témoignée, la part importante que vous avez eue jusqu'à ce jour dans l'accomplissement de l'œuvre que je dirigeais, et à laquelle j'ai consacré ma vie, m'imposent le devoir de vous rendre compte de mes sentiments, de ma personne, dussé-je même, en certains cas, paraître employer vis-à-vis de vous les formes de la justification.

» J'ai quarante ans; jusqu'à ce jour ma vie a été remplie autant qu'il était possible qu'elle pût l'être. J'avais seize ans à peine que je fus abandonné à moi-même, jeté sans ressources et sans appui dans le monde avec le soin de m'y faire jour, et de m'y pourvoir comme je l'entendrais et le pourrais. Vainement chercheriez-vous à vous faire une idée des vicissitudes, des souffrances que me préparaient, à cette première époque, mon inexpérience des passions ardentes, et un sentiment secret de supériorité qui devait ne me faire accepter qu'avec répugnance l'autorité de la plupart de ceux auxquels pourtant je devais me soumettre. Toute ma vie j'avais rêvé pour moi une mission sur le monde; ce rêve avait été plus ou moins confus, il avait revêtu des formes plus ou moins étranges ou fantastiques, absurdes souvent, mais jamais il ne m'avait quitté. Il y a plus de douze ans que cette mission je me la suis donnée d'une manière positive, sans, depuis lors,

m'en être un seul instant détourné. Dans le cours
de cette existence si exceptionnelle, si agitée et déjà
si longue, j'ai vu les hommes dans toutes les si-
tuations, je les ai pratiqués dans tous les ordres de
relations; ensuite des impressions que j'en ai reçues,
il y a longtemps déjà que j'en suis venu à penser
d'eux tout le mal qu'en ont dit et qu'en disent les
misanthropes; car ce mal, non-seulement j'en ai été
témoin, mais pour ma part je l'ai éprouvé, j'en ai
souffert autant que possible. Longtemps, sans doute,
j'ai eu des torts aussi envers les autres, et, tels que
je les sens aujourd'hui, plus d'une fois des torts
graves; mais dans ce temps-là même, il m'est arrivé plus souvent encore de les servir et de me dévouer pour eux, et à un petit nombre d'exceptions
près, bien chères à mon cœur, presque toujours
j'en ai reçu le mal pour le bien. Voyez, par exemple,
ma vie sociale : lorsque sous la Restauration je dirigeais les entreprises périlleuses, que je regardais
alors, ainsi que presque tous les hommes généreux
de cette époque, comme le seul moyen de progrès
politique; au moment où je risquais ma vie sans
ménagement, au moment même où une sentence
de mort pesait sur ma tête, j'ai entendu s'élever et
circuler au loin contre moi l'accusation d'espion-
nage : je ne pouvais combattre victorieusement cette

calomnie qu'en me livrant à l'échafaud et en y en
entraînant d'autres à ma suite : il m'a donc fallu,
pendant longtemps, en supporter le poids auprès
de plusieurs, et peut-être aujourd'hui même les
traces ne sont-elles pas complétement effacées partout où elles ont passé. — A peine venais-je de
sonder le vide, de sentir la stérilité, pour notre
époque, de la philosophie critique et de la politique
révolutionnaire, que les ouvrages de Saint-Simon
fixèrent mon attention, je ne tardai pas à sentir
dans les conceptions de ce hardi novateur le germe
du monde nouveau que je cherchais instinctivement
depuis longtemps. Dès lors je résolus, quelles que
fussent d'ailleurs les difficultés de ma position, de
vouer ma vie à féconder ce germe et à le faire éclore.
Eh bien ! voyez, après sept années de travaux as-
sidus, poursuivis au milieu des plus rudes privations,
me voilà à un moment placé sur le banc des accusés, et jugé d'abord sans scrupule et sans amour;
repoussé par les uns comme un républicain obstiné,
comme un homme de lutte, moi qui ai volontairement quitté, il y a plus de huit ans, la bannière ré-
publicaine et l'arène révolutionnaire, après avoir
porté l'une aussi haut et parcouru l'autre aussi loin
qu'il était possible de le faire; ou bien dédaigné
comme un homme à préjugés, à attachement rou-

tinier, moi dont toute la vie a été constamment en
dehors du cadre tracé, de la loi commune, des sen-
tiers battus ; me voilà enfin complétement oublié
par d'autres, et par quelques-uns de ceux-là même
que j'ai plus particulièrement, plus personnellement attirés, soutenus et guidés jusqu'à ce jour ; et
cependant j'ai bien conscience que sans moi il n'y
aurait pas de doctrine de Saint-Simon, non-seulement parce qu'il serait impossible de faire abstraction
de mes travaux connus dans les éléments qui la
composent et dans la célébrité qu'elle a acquise, mais
encore parce qu'il fut un temps, après la suspension
du *Producteur*, ce que la plupart des saint-simoniens
ignorent aujourd'hui, où Enfantin et Rodrigues,
ayant cessé de s'occuper de la doctrine pour se
donner tout entiers au soin de leurs affaires person-
nelles, qui pourtant étaient beaucoup moins pres-
santes que les miennes, seul je persistai à continuer
l'œuvre commencée, ce que je parvins à faire au
moyen d'enseignements particuliers pour lesquels
pendant près d'un an (1827)[1] je ne reçus de l'un ni

1. Enfantin, en copiant cette lettre à Sainte-Pélagie, y plaça
la note suivante :

« Voir la lettre à Bailly en 1827, qui explique notre position
à cette époque (premier volume de la correspondance), — celle
de Rouen (id.) — et enfin celles de Buchez (deuxième volume). »

P. E.

de l'autre aucune assistance, pas même celle de leur présence, et dont ils ne se rapprochèrent que lorsque déjà ces enseignements commençaient à faire quelque bruit au dehors, et que la plupart des hommes que j'avais ainsi réunis autour de moi se trouvaient préparés à former un premier noyau de la société saint-simonienne.

» Je pourrais vous citer encore beaucoup d'autres exemples de méconnaissance et d'ingratitude, dont j'ai eu et dont j'ai encore chaque jour à souffrir, mais je me contenterai de ceux-là, me hâtant d'a-jouter que tout en justifiant pour moi les arrêts de la misanthropie, ils n'ont point été capables pour-tant de me les faire accepter, attendu qu'il y a long-temps déjà que je sens et que je sais ce que ne sa-vent ni ne sentent les misanthropes, c'est que l'homme, cet être aujourd'hui égoïste, envieux, ingrat, porte en lui le germe de toutes les vertus opposées à ces vices; qu'il est doué de la faculté de dévouement et aussi de celle de l'admiration et de la reconnaissance pour ceux qui travaillent à son avancement, à l'amélioration de son sort, et que pour manifester avec éclat ces nobles attributs de sa nature, il n'attend que l'inspiration du nouvel amour, de celui qui doit lui dévoiler, dans le passé et dans l'avenir, la grandeur de ses destinées; et c'est parce que je l'ai vu si bas, et que j'ai senti l'élévation à laquelle il pouvait prétendre, que j'ai consacré ma vie à lui montrer le but, et autant qu'il serait en mon pouvoir à y guider ses pas; c'est pour cela aussi que j'ai cessé de m'irriter du mal que je lui ai vu faire, ou que j'en ai reçu.

» Le missionnaire chrétien ne s'irritait pas de la corruption ou de la barbarie des peuples auxquels il venait apporter les préceptes de la morale et de la charité évangéliques. Bien loin d'en concevoir contre eux aucun sentiment de haine ou de vengeance, il sentait au contraire son zèle s'accroître en proportion de l'étendue des vices ou de la profondeur de l'abaissement dont il était le témoin ; se contentant, lorsque, pour prix de son amour et de son dévouement, il recevait le martyre de ceux qu'il venait sauver, de répéter après son divin Maître : *Pardonnez-leur, mon Dieu, car ils ne savent ce qu'ils font!* J'ai senti que la vertu de l'apôtre chrétien m'était commandée bien plus impérieusement qu'à lui, et qu'elle devait m'être aussi bien plus facile; car de plus que lui je sais qu'il n'y a point de réprouvés parmi les hommes, que tous seront élus; seulement, ce qui doit m'armer de patience et de résignation, je sais qu'ils ne le seront que successivement, que par conséquent la douleur, le sacrifice, le martyre sous une forme ou sous une autre, devront aussi être une condition nécessaire de l'apostolat nouveau, et que longtemps encore, selon le langage mystique de M. Ballanche, l'initié, avant de sentir et de reconnaître en lui l'initiation, devra *tuer l'initiateur*. J'ai accepté cette condition. Pour cela, sans doute, je n'ai pas renoncé à recevoir justice, seulement je sais qu'elle ne saurait être instantanée, que même, en raison de la grandeur de l'entreprise, elle peut être différée au delà de la vie actuelle; mais je puis m'ajourner, car je crois à la vie éternelle.

» Si, au milieu des épreuves que j'ai subies, des obstacles que j'ai eus à vaincre, des entreprises que j'ai tentées, j'ai gagné des forces et quelques vertus, je ne puis me le dissimuler, ces avantages n'ont point été pour moi sans quelques fâcheuses compensations; je ne suis point parvenu à soulever le poids de la fatalité qui m'accablait, à percer la foule qui m'étouffait sans me voir, et déjà à laisser sur le monde qui la retrouvera plus tard la trace de mon passage, sans avoir, à travers tant d'efforts et de luttes, reçu quelques blessures et subi quelques mutilations; longtemps accueilli avec moquerie, dédain ou insensibilité, lorsque je laissais librement s'exprimer mon esprit et mon cœur; sans cesse refoulé sur moi-même, lorsque je voulais me donner aux autres, moi dont la nature première était tout abandon, tout épanchement, j'ai peu à peu contracté des habitudes de réserve et de concentration, qui, au point où elles sont parvenues, me donnent habituellement l'apparence de la froideur, et quelquefois même celle de la dureté. Obligé, pour triompher de l'obstacle que m'opposaient le ridicule et la raillerie, de me servir moi-même de ces armes, je me suis accoutumé à saisir promptement, et à mettre en relief le côté faible de chacun et de chaque chose, ce qui m'expose souvent à blesser ceux qui m'approchent, et à leur faire croire parfois que la puissance d'apprécier le mal est plus grande en moi que celle de sentir le bien ; ignorant, attendu qu'ils ne savent pas ma vie, et que je ne sais plus, moi, la laisser pénétrer ou la raconter, que c'est l'amour du bien seulement qui m'a rendu frondeur.

» Voici, Rességuier, mes imperfections morales, sinon dans leur détail, au moins dans leur raison générale. Averti sur leur existence, je puis les empêcher de croître, mais elles ont graduellement pénétré et modifié mon être d'une manière trop intime, pour que jamais, de cette vie, je puisse espérer les faire complétement disparaître, et retrouver dans sa plénitude la nature expansive et confiante que j'ai perdue.

» Sans vous représenter mon état moral comme je viens de vous le décrire, sans être en possession des éléments qui auraient pu vous le faire apprécier, il me semble que ce que vous saviez de moi, ce que vous en aviez vu vous-même, aurait pu suffire dans cette occasion pour vous faire repousser comme la moins probable la supposition que je fusse capable, dans une situation aussi grave que celle où nous nous trouvons, de m'abandonner aux emportements de la colère, ou de me laisser guider par les inspirations d'un ressentiment personnel, et vous faire supposer bien plutôt, ainsi que je vous le disais en commençant, que ce qui vous paraissait violence pourrait bien être modération, force de volonté, manifestée à temps pour prévenir des actes et tout un système de conduite qui aurait inévitablement amené une lutte violente et scandaleuse. Tel a été en effet le seul motif qui m'ait fait agir. La nécessité de la conduite que j'ai tenue, ses heureux résultats, ne sont pour moi l'objet d'aucun doute ; mais comment parviendrais-je à faire passer en vous ma conviction ? Vainement entasserais-je les faits, les circonstances ; ce qui donne à toutes ces choses leur caractère, ce qui les lie et en fait un tout, vous échapperait encore, car il s'agit de tentations, d'impressions qui ne sont pas susceptibles d'être transmises par un récit, et qu'on ne peut éprouver ou recevoir que sur les lieux mêmes, au milieu des hommes et des événements qui les produisent.

» Peut-être, Rességuier, cette difficulté d'apprécier, à la distance où vous êtes, la convenance de tel ou tel fait, aurait-elle dû frapper votre esprit, et vous déterminer en conséquence à suspendre votre jugement, à ajourner surtout la résolution si subite et si grave que vous avez prise; mais je sens qu'après la crise que nous venons de subir, et la brusque solution de continuité qu'elle est venue apporter à vos espérances, votre foi ne peut subsister entière dans aucun de ceux qui vous ont dirigé jusqu'à ce jour; je sens qu'après un pareil événement, les preuves déjà faites, les titres acquis ne sauraient plus avoir de valeur à vos yeux, et qu'il vous faut de nouveaux titres, de nouvelles preuves. Eh bien donc, Rességuier, puisqu'il le faut absolument, je m'ajourne avec vous, bien persuadé que du jour où vous apercevrez de nouveau en moi le signe de la mission que vous m'avez autrefois reconnue, je vous retrouverai tout entier, tel que je vous ai vu, tel que je vous désire, car alors vous comprendrez qu'en présence de l'œuvre à accomplir, il n'y a point de *retraite* permise à quiconque peut y prendre part.

» Adieu donc, cher fils, mais pour un temps seulement. En attendant le jour de la nouvelle communion, croyez bien que ce que je souffre, en vous et pour vous, en ce moment, ne peut porter aucune atteinte à la vive et profonde affection que je vous ai vouée. — Je vous embrasse du plus profond de mon cœur, et avec vous tous vos enfants.

» BAZARD. »

Bazard, malgré les souffrances et les déceptions dont il se plaignait, protestait donc contre toute idée de retraite; sa foi et ses espérances restaient les mêmes. Il venait de le déclarer, peu de jours auparavant, sous la forme la plus énergique, à l'occasion du retour de Fournel auprès d'Enfantin.

Cet incident l'avait blessé; il avait désiré s'en entretenir avec Mme Fournel, à laquelle il fit demander une entrevue. Cécile Fournel ayant préféré lui écrire, il en était résulté l'échange de quelques lettres, dont nous reproduisons ici les passages principaux :

« *Cécile Fournel à Bazard.*

» Père Bazard, on me dit que vous désirez me

parler; vous me demandez un jour, une heure, comme si vous pouviez douter du plaisir que vous me ferez, quelque moment qu'il vous plaira de choisir pour renouveler nos rapports d'affection. Après avoir longtemps réfléchi à ce singulier doute sur une des personnes qui, peut-être, vous est le plus tendrement attachée, permettez que je le dise, j'y ai trouvé la preuve que c'était de doctrine qu'il s'agissait, et j'ai de suite pressenti que vous n'aviez pas renoncé à la pensée que vous m'avez manifestée, *et que j'ai déjà repoussée*, de me mettre dans un camp opposé à celui où mon mari allait combattre. Je dis *combattre*, car, dès lors, j'avais perdu l'espérance de cette lutte religieuse que je m'étais plu à rêver un instant, et qui *peut-être* aurait pu me permettre de me placer en face de l'homme auquel ma vie est unie devant Dieu; dès lors, je voyais des deux côtés l'aigreur et la haine remplacer ce saint désir d'union qui me semblait devoir animer deux chefs placés en présence d'hommes qu'ils avaient appelés leurs enfants. Ah! me disaisje, c'est bien encore la guerre, l'antagonisme; une femme ne saurait mêler sa voix à ces voix demibarbares, qui, après avoir fait entendre des paroles d'amour et de paix, ont pu retrouver des accents aussi remplis d'amertume et de colère. Je sentais,

et je sens plus profondément aujourd'hui, que je
n'étais pas faite pour flétrir et déchirer des hommes que j'avais nommés ou pères, ou frères, ou
fils. On me répétait sans cesse qu'eux n'avaient pas
pour moi tant de ménagement; mais j'aimais mieux
les laisser à leur injuste haine, à laquelle d'ailleurs
mon cœur refusait de croire, que d'y répondre en
la partageant. Enfin, Père Bazard, que vous di-
rai-je? Je n'étais point avec eux, mais je les aimais
toujours, sûre que le temps viendrait où ils me ren-
draient leur affection, que toute la mienne avait
méritée.

» Vous avez été témoin de tout ce que j'ai souffert en voyant Henri s'éloigner de moi; la tombe
est encore entr'ouverte devant moi, comme un témoignage irrécusable de mes souffrances; cependant, Père Bazard, j'éprouve le besoin de vous le
dire, si quelque chose adoucit une position aussi
rude, c'est d'avoir la conviction intime qu'*aucun
fait* jusqu'ici n'a justifié les craintes que nous dûmes
tous emporter de la douloureuse discussion qui a
divisé la doctrine, et la certitude tout aussi absolue
qu'Henri ne resterait pas deux heures avec des
hommes qui s'écarteraient, *sous quelque rapport
que ce soit*, de la ligne de pureté qu'ils se sont tracée en face du monde. Je souffre, parce que je ne

sens pas l'œuvre qu'ils pensent accomplir, et que
cette œuvre ne m'apparaît nulle part aujourd'hui ;
je souffre, parce que j'avais besoin de me dévouer
et qu'il me faut rester inutile, contemplant les maux
de l'humanité, sans avoir la puissance de verser
sur ses plaies une seule goutte du baume qui doit
les guérir. Oui, je souffre ; j'ignore jusqu'ici où mes
forces pourront aller, car chaque jour amène sa
douleur nouvelle, et, toute préparée que je suis
à la recevoir, souvent je me sens prête à suc-
comber.

» Maintenant, Père Bazard, après vous avoir
parlé de moi, de mes cruels chagrins, qu'il me soit
permis de vous parler un peu de vous-même, qu'il
me soit permis de vous dire ce que ces chagrins ont
reçu d'accroissement de la position où, depuis cinq
mois, j'ai la douleur de vous voir, vous qui portiez,
suivant moi, les destins de l'humanité, et qui aujourd'hui semblez renoncer à la sainte mission que
je vous concevais. Père, à moi, qui ne peux rien,
il est permis de rentrer dans la vie individuelle ;
mais vous, qui peut expliquer votre situation actuelle ? . . . .

» Père Bazard, ce langage peut vous paraître
étrange dans ma bouche, et pourtant il est depuis
plusieurs mois l'expression de ma pensée. Je vous

demande de ne voir dans l'effort que j'ai fait pour
vous parler ainsi, à vous qu'il m'est si douloureux
d'affliger, que la preuve la plus réelle de mes sentiments les plus affectueux.

» Adieu, Père; je n'ai rien à ajouter; je sens
que c'est là tout ce que j'ai à vous dire sur la doctrine. Puisse ma sincérité n'être pas un obstacle au
désir que vous avez manifesté de m'entretenir; il
existe entre nous assez de souvenirs de hiérarchie,
assez d'affection présente, pour que nous puissions
nous voir, en écartant des sujets pénibles, et en ra-
menant, au contraire, des sujets qui puissent se
traiter en présence de tous, chaque jour, à toute
heure. — CÉCILE. »

Bazard à Cécile Fournel.

« Convaincu par une longue expérience que dans
l'ordre des relations individuelles on ne parvient
presque jamais, par des paroles, à détruire une accusation, quelque mal fondée qu'elle puisse être
d'ailleurs, soit que la personne qui accuse ait au
fond du cœur quelque dessein secret qui lui ôte la
volonté d'entendre, soit que celle qui est accusée
manque, en parlant d'elle-même, de tact, d'adresse
et de calme, j'avais résolu, Cécile, de ne pas répondre à votre lettre, et je vous avouerai qu'un
sentiment de dignité, profondément blessé en moi,

venait encore prêter un puissant appui à cette résolution ; mais l'affection vive qui m'a lié à vous
jusqu'à ce jour n'a pas tardé à parler plus haut que
toutes ces considérations, et aujourd'hui je renonce
au silence. »

Après quelques explications d'ordre secondaire,
Bazard continuait ainsi :

« Mais venons-en à la prétendue impuissance à
laquelle je suis réduit, et qui décidément est *véri-
fiée* pour vous. Seriez-vous donc, Cécile, du nombre
de ces personnes qui prennent le bruit d'une
machine qui craque et se brise pour le mouvement
et la vie ? Qu'a donc fait Enfantin depuis la séparation ? Par la position de ses adhérents dans le
collége, il était resté maître du centre matériel de
la doctrine, des salles publiques, du journal, de la
caisse, et par conséquent de la foule saint-simonienne qui devait naturellement rester attachée aux
signes extérieurs de la puissance. Eh bien ! en
moins de cinq mois, voici qu'il a gaspillé, dispersé
toutes ces ressources, après avoir vu chaque jour
quelques-uns de ses adhérents s'éloigner de lui et
ses prophéties de la veille démenties par le fait
justement contraire, fait que moi-même j'avais pro-
phétisé ; et aujourd'hui, le voilà dans la *retraite*.
Plus d'argent, plus de journal, et point de femmes;

point de culte, point d'industrie, pas même le trône
de Louis-Philippe, si modestement demandé ! Et ce
qu'il a gaspillé, ce n'est pas seulement de l'argent
et des hommes, c'est encore malheureusement le
crédit, la considération, le respect qu'avec tant de
peine nous étions parvenus à acquérir au nom de
Saint-Simon et aux nôtres. Je vous demande s'il
est possible de donner en moins de temps plus de
preuves d'impuissance et d'incapacité. Pour moi,
pendant ces cinq mois qui vous paraissent si longs,
accoutumée que vous êtes à voir chaque matin sortir
des révélations et des mondes de la tête des Michel, des d'Eichthal, des Enfantin et des Duveyrier; pendant ces cinq mois, dis-je, j'ai été six
grandes semaines malade; restent donc trois mois
et demi dont j'ai à rendre compte. Je vous prie de
remarquer que, pendant ce temps, je n'ai eu, moi,
ni salles publiques, ni journal, ni argent, ni serviteurs; par conséquent, pas le plus petit mot dit en
public sur *le calme divin de ma face,* ou *la sou-
riante majesté de mon visage;* et pourtant, dans
le cours de cette éclipse, j'ai entretenu une volu-
mineuse correspondance, que je compte faire impri-
mer, et qui contient de longs développements sur
les points de doctrine les plus importants à examiner aujourd'hui; de plus, j'ai fait une brochure,

dont vous paraissez n'avoir considéré que le volume, mais qui a eu dans le monde saint-simonien,
et dans celui qui s'occupe de nous, une toute autre
importance, ainsi que cela m'est attesté par de
nombreux et irrécusables témoignages. Par là, j'ai
obtenu deux résultats importants : d'une part, j'ai
défait une chose mauvaise et ridicule, celle de la
rue Monsigny (il est vrai que je serais injuste si je
ne reconnaissais qu'en cela j'ai été puissamment
aidé par Enfantin), et, de l'autre, j'ai préparé les
nouveaux développements, la nouvelle transformation que doit recevoir aujourd'hui la doctrine de
Saint-Simon. Mais, indépendamment de cette correspondance et de cette brochure, j'ai commencé
et avancé d'autres travaux qui, un jour, j'espère,
vous donneront meilleure opinion de moi ; seulement, Cécile, ces travaux ne sont pas de la nature
de ceux qui s'improvisent. Assez, assez de ces
madrigaux à la façon du *Globe* ; assez de ces
vastes plans, de ces gigantesques projets conçus
le matin, mûris dans la journée et *bons à tirer* le
soir, dans lesquels, d'un pôle à l'autre, les races,
les nations, les mers, les fleuves, les marais, les
déserts, les vallées, les montagnes sont unis, rap-
prochés, fertilisés, coupés, traversés, surmontés, et
tout cela avec le point fixe sur la carte, le nom

exact et l'adresse précise de chacun de ces intéres-
sants phénomènes. Assez, assez de ce bavardage
puéril, de ces illusions d'enfants qui prennent pour
un casque d'acier le bonnet de papier qu'ils ont sur
la tête, et pour un cheval fougueux le bâton qu'ils
traînent entre leurs jambes. Il nous a fallu sept ans
de travaux pour faire savoir aux plus curieux que
nous étions au monde; apparemment qu'il nous
faut plus de cinq mois pour prendre possession du
trône universel. Revenons au sérieux, il en est
temps, et, pour cela, renonçons aux improvisa-
tions. Rien de ce qui porte en soi avenir et grandeur ne s'improvise et ne vient au monde formé de
toutes pièces, attendu que la loi de Dieu sur l'homme
et sur le monde, c'est le progrès, le développement,
la successivité. Nous avons signalé à l'humanité un
but nouveau à atteindre, continuons notre œuvre;
ce but est obscur encore, la vie ne s'y sent point,
ne s'y voit point tout entière; achevons de le pré-
ciser, d'écarter les voiles qui le couvrent; déter-
minons l'espace qui nous en sépare, les points in-
termédiaires à parcourir, les premiers pas à faire;
et pour cela, et pour ne pas tomber dans la puéri-
lité ou le fantastique, mêlons-nous au monde, parlons sa langue, inspirons-nous de ses joies et de ses
douleurs, de ses désirs et de ses craintes, comme je

le disais il y a peu de jours dans une lettre publiée
par quelques journaux; et si, pour fournir la carrière qui nous est signalée, il faut avant tout l'enthousiasme de la religion, n'oublions pas qu'il faut
aussi le calme de la raison et la réserve de l'expérience. Religion!... Ce nom que je viens de tracer,
que nous étions parvenus avec tant de peine à faire
entendre de nouveau, sinon encore avec amour, au
moins déjà avec respect, quel abus n'en a point fait
Enfantin? au point de ne plus lui faire présenter
que l'idée d'une mascarade. Voilà pour nous encore une tâche à remplir, c'est de rendre à ce grand
nom, sans lequel il n y a plus de nom, son éclat et
sa puissance.

» Il fut un temps, dites-vous, où, dans votre opinion, je portais les destins de l'humanité : ce que
vous avez cru, ce que j'éprouvais tant de bonheur à
vous voir croire, JE LE CROIS TOUJOURS, ET PLUS QUE
JAMAIS; non pas que je m'imagine follement que
de moi devront sortir toutes choses ou même toute
inspiration; je ne blasphème pas, je ne méprise
pas à ce point mes *semblables*; mais je crois fermement que c'est de moi que doit venir le signal de
la tâche nouvelle, de moi encore la première ébau-
che de l'œuvre à produire et la première distribution du travail. Voici la mission que je me suis

conçue, que jusqu'ici je n'ai cessé de poursuivre et que je n'abandonnerai que lorsqu'elle sera remplie, quel que puisse être, d'ailleurs, ce qu'il me soit réservé de souffrir des outrages des uns ou de l'indifférence, de l'oubli, du défaut de foi des autres. Rassurez-vous, Cécile, tant que je me sentirai une tâche sociale, une tâche religieuse à accomplir, je ne serai point en danger de tomber dans le sommeil de la vie individuelle, mon passé à cet égard peut répondre de mon avenir. Mais à chaque temps son œuvre. Encore une fois assez de ces costumes sans corps, de ces mots sans pensées, de ces mouvements sans suite, sans direction, sans but. Toute cette hâte extérieure, tout ce parlage bruyant de la rue Monsigny ne me pique guère d'émulation en vérité, car je sais que de là ne peut rien sortir, rien que mesquines extravagances. — Sous une première forme nous avons médité, élaboré et développé *dans une certaine mesure* la doctrine de Saint-Simon ; sous une autre, nous l'avons *annoncée* au monde. Aujourd'hui, et avant d'arriver à la forme *sociale*, nous avons à passer successivement par deux phases, sinon absolument semblables, au moins analogues ; or la première de ces formes ne comporte ni bruit ni éclat. Rappelez-vous, Cécile, que si l'on est coupable pour ne point désirer et chercher le royaume de Dieu, selon l'expression mystique mais profondément vraie de l'Église catholique, on ne l'est pas moins pour vouloir le prendre de force, c'est-à-dire, sans l'avoir gagné par son travail et mérité par ses œuvres. C'est alors que le vertige de l'orgueil, s'emparant des cœurs et des esprits, les frappe d'aveuglement et les pousse incessamment au néant, par les efforts mêmes qu'ils font pour en sortir...

» Adieu, adieu, et, s'il le faut absolument, eh bien! à d'autres temps, à d'autres circonstances, adieu. — S.-A. BAZARD. »

P.-S. « En relisant ma lettre, j'y trouve quelques passages qui pourront vous paraître durs pour vous et pour Henri : cette dureté n'est pas dans mon cœur, elle tient seulement au défaut de développement de ma pensée. Je me rapelle trop vivement votre dévouement religieux à tous deux lors de votre entrée dans la doctrine, et aussi l'affection personnelle et tendre que, dans un temps, vous m'avez témoignée l'un et l'autre, pour que, dans aucun cas, je puisse jamais avoir la volonté de vous blesser. —S.-A. B. »

Le lien doctrinal, malgré l'aigreur regrettable de cette lettre était donc loin d'être brisé sans retour, entre les saint-simoniens que l'appel ou la forme de l'appel à l'affranchissement de la femme avait si douloureusement divisés. Les articles fondamentaux du *Credo* primitif, sur l'essence infinie de Dieu et les destinées progressives de l'humanité, demeuraient inébranlables, dans la confiance des dissidents comme dans celle des fidèles de Ménilmontant; et cette communauté intime dominait assez les divergences bruyantes du présent, pour maintenir, chez tous, l'espoir d'une communion plus complète dans l'avenir.

Le moment approchait où Enfantin allait porter à son plus haut degré de hardiesse sa tentative de transformation du vieil homme en homme nouveau, par la constitution d'un corps apostolique, purement mâle, voué au célibat, soumis à une discipline stricte et paternelle à la fois, et séparé du monde, non-seulement par ses sentiments, ses idées et ses mœurs, mais aussi par des signes externes, par la vie commune et retirée, par la chevelure, par la barbe, par le costume. L'homme de l'ère nouvelle, pour rendre plus saillantes et plus durables les traces de l'œuvre qu'il venait accomplir, pour perpétuer plus sûrement, au milieu des masses, le souvenir et l'influence de sa mission régénératrice, jugeait utile de frapper ces masses par des marques distinctives dans les habitudes sociales, par des

nouveautés matérielles bien saisissantes, capables
de rappeler les nouveautés intellectuelles et morales, de les graver profondément dans la mémoire du
peuple et de se conserver avec elles pour former
ensemble une seule et même tradition, la tradition
du saint-simonisme.

XXI

(1832)

(Juin.)

Le 2 juin 1832, Enfantin, dans sa retraite de
Ménilmontant, écrivit ce qui suit à ses disciples ;
il leur dit :

« Mes enfants,

» Ma vie est une *perpétuelle communion*, et
pourtant je ne suis pas DIEU, je suis homme; je
souffre donc.

» Je ne puis plus être la MÈRE qui berce ses
enfants et les endort mollement dans ses caresses,
vous êtes HOMMES aussi, et moi je veux être le
PÈRE des HOMMES.

» Lorsque les fils sont assez forts pour être dignes de la LIBERTÉ, le bon Père en a déjà soif pour
lui-même; sans cela, il ne saurait couvrir de la
robe *virile* ses enfants.

» Vous m'avez rempli d'amour FILIAL, je ne dois pas vous enivrer de l'amour du père ; il y aurait toujours des *faibles* parmi nous, des esclaves et un maître.

» Vous ne savez pas encore trouver la force EN VOUS ; DIEU n'est pas EN VOS CŒURS, c'est à moi de l'y mettre.

» Nous nous AIMONS TROP, vous et moi, moi et vous, nous ne nous RESPECTONS pas assez.

» Nous ignorons tous la puissance du recueillement, du silence, de la PRIÈRE ; l'ordre et le DEVOIR nous sont inconnus ; nous ne savons ni COMMANDER ni TRAVAILLER.

» Et nous devons un jour GOUVERNER les TRAVAILLEURS, nous allons prendre l'habit des apôtres de l'affranchissement des femmes. Pour convier la FEMME à des noces nouvelles, l'ÉPOUX n'est pas préparé.

» Notre MALE GRAVITÉ ne nous est point venue.

» Une PATIENCE INÉBRANLABLE, une RÉSOLUTION IMMUABLE et SÉVÈRE ne se lisent pas sur notre visage.

» Le peuple pratique la PATIENCE, il est SÉVÈRE dans sa justice, IMMUABLE dans sa volonté de progrès.

» Or nous allons nous montrer au PEUPLE.

» Et les femmes qui, les premières, doivent nous aimer ne sont pas celles qui désirent un amour d'un jour. Pour celles-ci, nous avons fait ce que nous devions faire ; notre passé nous répond qu'elles sont aimées de nous ; notre présent doit être pour d'autres, car notre avenir est pour TOUTES ? Les premières nous aiment déjà, mais elles ne marcheront vers nous glorieusement, saintement, qu'à la suite des autres. Notre CÉLIBAT a frayé la route ; notre VERTU COURAGEUSE et PATIENTE la fera facile.

» Rendons-nous dignes de ces FEMMES et du PEUPLE.

» Michel, Barrault, Fournel, je vous recommande spécialement à l'affection et au RESPECT de tous mes enfants, car c'est à votre DÉVOTION surtout que je les confie.

» Quant à ceux qui ne vous aimeraient pas encore assez, que ceux-là se rappellent combien j'ai plus fait pour eux-mêmes jusqu'ici que je n'ai fait pour vous ; combien ils ont de mon amour, de ma vie, et combien peu je vous en ai donné.

» Pour vous, mes amis, rappelez-vous ce que mes enfants aimaient en moi et qui n'était pas en vous ; prenez-le, unissez-le à ce que j'aimais en vous ; COMMUNIEZ aussi tous ensemble chaque jour, en mémoire de moi.

» Que tous mes enfants se rangent sous vos ordres.

» Et moi, j'ORDONNE que Lambert et Rigault se considèrent seuls ici comme représentants de mon *indulgence* et même de ma *faiblesse* passée, afin que l'obéissance de tous soit complète, et que Lambert et Rigault puisent dans cette mission le sentiment de l'énergie *extérieure* qui leur manque et que je leur donne en ce jour.

» Mes enfants, je veux, pendant ces trois jours, vous préparer, *en moi*, à revêtir l'habit d'apôtre.

» Déjà nous nous sommes retirés du milieu du monde pour le recevoir bientôt parmi nous, et·moi je me retire du milieu de vous, pour être digne de vous admettre mercredi dans la vie nouvelle.

» Mercredi, à deux heures précises, quel que soit le temps, vous serez réunis en famille, sur le gazon, de manière à former le cercle du Père; j'y viendrai.

» D'Eichthal et Holstein doivent aujourd'hui venir me rejoindre, et embrasseront pour moi tous mes enfants. Travaillez pour que tout soit prêt pour mon *retour* et MÉDITEZ sur notre *avenir*.

» L'homme nouveau se forme.

» Que Dieu soit en vous.

» Charles, je veux que chacun de mes enfants ait

un *son*, un *verbe* pour *chanter* la *gloire de Dieu* et sa *propre valeur*.

» Talabot, je veux que tous rendent un CULTE à DIEU en parant leur personne. »

Enfantin annonçait à ses disciples qu'il allait se retirer du milieu d'eux pour trois jours, afin de se rendre digne de les admettre à LA VIE NOUVELLE. Il avait besoin de cet isolement passager pour préparer la conciliation des affections et des devoirs du vieil homme avec les obligations religieuses de l'homme nouveau. Les liens du sang devaient rester plus sacrés que jamais sous un dogme qui faisait rentrer tout ce qui est dans le sein de Dieu, et qui déclarait la chair aussi sainte par essence que l'esprit. Le 3 juin, le Père suprême des saint-simoniens écrivit à son père selon la chair :

« Père, un grand jour se prépare pour nous; tu sais que nous devions recevoir le 1er juin tous ceux qui nous aiment; le temps nous en a empêchés. Mercredi prochain, c'est le nouveau jour pris. Ce jour-là, nous prenons nos *costumes* d'apôtres, en présence de tous, et si tu te rappelles ce que devait être la prise d'habit du prêtre *croyant*, et le jour où l'homme d'armes était fait chevalier, tu sentiras l'importance que nous attachons à cette grande cérémonie. Il faut qu'on voie en nous des hommes capables d'affranchir la femme et le prolétaire, des hommes prêts à tous les travaux, à tous les dangers, patients et braves, fiers et dévoués. Dans cette vie nouvelle qui s'ouvre pour nous, père, je ne veux pas te savoir *loin de moi*, quoique je ne puisse pas être encore *près de toi;* Aglaé ta fille t'écrit et te dit ce qu'elle pense sur ton séjour ici; avec elle et notre petite Augustine, tu sauras sans cesse ce que je fais et me verras souvent. »

Enfantin avait plus que le sentiment de l'amour filial à respecter et à satisfaire dans l'ordre de la nature; le vieil homme en lui avait connu aussi les tendres émotions, les joies et les douleurs de l'amour paternel. Il avait un fils, né en 1827, et dont il avait cru ne pouvoir, par considération purement doctrinale, épouser la mère selon les formes sacramentelles de l'ancien monde.

Le 3 juin, Enfantin, suivi de d'Eichthal et d'Holstein, descendit de Ménilmontant à Paris, d'où il se rendit à Saint-Cloud qu'habitait alors la mère de son fils. Après avoir prodigué à cet enfant de touchants témoignages de la plus tendre affection, il revint avec ses deux disciples à Paris, où il s'empressa d'écrire la lettre suivante à la femme qui lui avait donné et conservé ce gage de leur union :

« Chère amie, le grand jour que tu désirais tant
pour Arthur approche. Je t'ai dit ce que nous devions faire publiquement mercredi, *revêtir l'habit
d'apôtre*, ouvrir aux yeux de tous la route du
monde nouveau, et signaler avec reconnaissance
celle qui nous a conduits où nous sommes.

» Je pourrai, je l'espère, annoncer à mes enfants
rassemblés autour de moi que j'ai complétement
terminé les malheureuses affaires de *mon père*,
qu'il revient à Paris, et qu'il vivra auprès d'Aglaé,
avec Augustine qu'il aime. Après avoir parlé de
mon père, je veux parler de *mon fils*, et le présenter à l'adoption solennelle de tous ceux qui me
nomment avec amour leur *père*, assurer ainsi son
nom et son avenir, afin que tous ceux qui marchent
avec moi dans notre apostolat mâle, et qui ont aussi
des enfants, sachent et prouvent que loin de vouloir briser les sentiments de famille, comme tant
d'hommes l'ont prétendu de nous, nous leur donnons plus que jamais, au contraire, la consécration
d'une religieuse publicité, et toute la garantie de
durée qu'il est en notre puissance de leur assurer.

» Chère amie, je t'ai dit la mission divine que je
sentais m'être donnée; tu sais la grandeur de la
vocation qui anime tout mon être; et toi, mon amie,
tu m'as promis de m'aimer comme je voudrais être

aimé; eh bien! que ton amour pour moi ressemble à la foi sainte qui échauffait les heureuses femmes aimées de Jésus; avant-hier, tu as déjà donné à ma vie le charme des bénédictions de l'être que j'ai tant fait pleurer, tu as ôté de ma tête chérie et respectée cette couronne d'épines que j'ai portée si longtemps arrosée de tes larmes; mercredi, la main d'Arthur dessinera sur mon front l'auréole qui marque ma mission d'affranchissement pour toutes les femmes; tous deux vous serez toujours pour moi ce que vous avez été jusqu'ici, les anges que Dieu m'a donnés, pour me rappeler que je dois payer, à *toutes* les *femmes* et à *tous* les *enfants* des hommes, la dette que j'ai contractée envers vous; que je dois être leur sauveur, comme Jésus fut celui des esclaves.

» Je désire que tu amènes aujourd'hui Arthur à Paris, et que tu nous le confies demain, à Holstein et à moi, pour le mener à Ménilmontant. Le soir, il rapportera à sa mère un baiser du Père des Apôtres, de son Père. — P. ENFANTIN. »

Le désir d'Enfantin fut rempli. L'enfant fut conduit à Paris et de là à Ménilmontant, par les soins de Mlle Aglaé Saint-Hilaire. Mais tandis que cet épisode se passait dans le sein de la société saint-simonienne, les événements les plus graves et les plus tristes éclataient dans la capitale. Enfantin put craindre un instant d'être empêché de rentrer à Ménilmontant pour procéder à la cérémonie qui lui tenait tant à cœur. Voici ce que l'un des disciples qui l'accompagnaient rapporte à ce sujet, dans une note qu'il a bien voulu nous communiquer :

« La fin de notre séjour à Paris, dit-il, fut marquée par deux incidents assez curieux. Nous logions chez Holstein, rue de Ménars, et nous allions dîner chez mademoiselle Aglaé Saint-Hilaire, rue des Jeûneurs. Le 5 juin, une insurrection formidable, et pour nous tout à fait imprévue, éclata comme on sait, à l'occasion des funérailles du général Lamarque. Comme nous portions nos barbes vieilles alors de six semaines, et que cet ornement, si commun aujourd'hui, était alors tout à fait insolite, nous craignîmes, si nous nous montrions dans la rue, de nous faire remarquer, et prendre peut-être pour des conspirateurs. En conséquence, à l'heure du dîner, nous jugeâmes plus prudent de faire chercher un fiacre. Or, voici qu'au débouché de la rue Notre-Dame-des-Victoires dans la rue Montmartre, notre fiacre s'arrête, la portière s'ouvre, et nous sommes invités à vouloir bien descendre, ce que nous fîmes au grand ébahissement des spectateurs, étonnés de voir successivement apparaître ces trois personnages barbus. Le fiacre était mis en réquisition pour figurer dans la construction d'une barricade.

» Vers minuit, nous pûmes gagner tranquillement notre logis, rue de Ménars; mais le lendemain matin, le combat recommença et nous entendîmes retentir au loin le canon et la fusillade. Il nous fallait cependant retourner à Ménilmontant; nous y étions attendus, disait le programme, sur la pelouse du jardin, à deux heures, quelque temps qu'il fît. Tout bien considéré, Enfantin pensa qu'après la leçon de la veille il n'y avait pas lieu de chercher le mystère; qu'il ne fallait pas non plus, sans utilité appréciable, chercher le danger; mais que nous nous dirigerions vers Ménilmontant par la route ordinaire, laissant le reste à la Providence. Tout alla bien jusqu'à la hauteur du Château-d'Eau, sur le boulevard. Là nous trouvâmes une compagnie de garde nationale, les armes en faisceau. Nos barbes les offusquèrent; on nous barra le passage; et déjà nous entendions résonner ces mots de sinistre augure : « Si nous les descendions?... » par bonheur le capitaine connaissait le Père, et nous dégagea. — Le reste du trajet s'accomplit sans encombre. »

Pendant l'absence d'Enfantin, et au moment où

il rendait hommage aux liens du sang auprès de
son fils et de la mère de son fils, une femme dont
le dévouement conjugal avait été exemplaire, Cécile Fournel, écrivait à son mari, qui allait fortifier
son engagement dans le célibat par la solennité de
la prise d'habit :

« Belleville, 4 juin 1832.

» Mon bon et tendre ami, glorifie Dieu, nous allons enfin retrouver un but commun, et si nous vivons séparés, du moins nos cœurs sont unis dans
une même pensée, un même désir, l'affranchissement de tout ce qui souffre sur la terre. Ami chéri,
que ce sentiment élevé soutienne nos forces à tous
deux, qu'il me rende à moi un peu de cette vie
prête à m'échapper; alors tu verras ta Cécile plus
remplie de zèle et d'ardeur que jamais.

» *La femme* jusqu'ici n'a répondu à l'appel d'affranchissement qui lui fut noblement adressé ,
qu'en marchant humblement à la suite de ses éman-
cipateurs : le jour est arrivé où elle va répondre à
leur parole d'affranchissement en s'émancipant
elle-même, en marchant *seule*, sans cet appui de
l'homme qui était pour elle le gage certain d'une
continuation d'esclavage; de ce jour, mon ami, je
me réunis aux femmes ; je les aide, je les soutiens,
je les appelle, nous saurons bien trouver ensemble

nos moyens d'indépendance et en même temps vous
faire aimer de ceux qui vous déchirent, et qui ne
vous sentiront que du jour où ils verront comme
nous vous sentons, comme nous vous aimons, nous
qu'ils appellent vos victimes.

» A tout cela, mille souffrances sont attachées, je
le sais ; mais les progrès de l'humanité n'ont-ils pas
toujours été achetés par la douleur ! Acceptons avec
enthousiasme celles qui sont nécessaires pour que
le monde, gémissant aujourd'hui, retentisse bientôt
d'actions de grâces.

» Que la femme qui ne connut ni l'oppression, ni
l'exploitation, que celle enfin qui fut heureuse,
trouve maintenant la joie dans le sacrifice de ce
bonheur personnel, qu'elle goûte au bonheur futur
de toutes les femmes ! Abnégation ! sacrifice !
soyez encore notre loi, afin que les générations futures puissent en avoir une de plus en plus douce,
où ces mots soient, sinon oubliés, du moins prononcés plus rarement d'âge en âge. Ah ! mon ami,
mon frère chéri, aujourd'hui que je sens l'œuvre,
je sens ce que doivent les femmes, je ne reculerai
pas, tant qu'un souffle de vie me restera.

» Adieu, mon ami, aujourd'hui j'ai passé deux
heures avec le Père. Il m'a paru douter de tout ce
que j'ai trouvé de douceur à le revoir, car je suis

et serai toujours ta *timide Cécile.* Heureusement *toutes les natures sont bonnes.* Je me fie là-dessus pour croire que j'ai trop envie de faire le bien pour en être incapable. Demain, je vais à la séance des femmes auxquelles nous allons apprendre qu'elles ont enfin une attitude de véritable indépendance à constituer. Puissions-nous réussir à faire battre leurs cœurs soumis au mot de *liberté!* Mercredi, mon Henri, je te verrai prendre l'habit d'apôtre et je te donnerai le baiser de sœur qu'il réclame. Je tâcherai de rassembler toutes mes forces pour t'entendre me renoncer comme épouse et ton Amélie comme enfant. Il faut de l'énergie pour une chose pareille, je l'aurai, je l'espère.

» Reçois le tendre adieu de celle qui bientôt ne pourra plus se dire : — Ta Cécile. »

Le lendemain, Cécile Fournel écrivait à Bazard :

« Père Bazard,

» Je ne veux pas qu'une autre que moi vous apprenne ce que j'ai décidé hier, ce que je ferai demain : le souvenir de ce que vous faites pour moi, la tendresse si vraie que je vous conserverai dans la voie nouvelle où je vais m'engager, tout me porte à espérer que vous accorderez toujours à ma destinée un peu de cet intérêt auquel je mets tant de prix ; c'est donc un besoin pour moi de vous faire connaître chacun des actes importants de ma vie.

» Père, cette vie troublée, brisée, anéantie; cette vie à laquelle je ne concevais plus ni but social, ni but individuel, va, je l'espère, se ranimer sous ce double aspect. Demain, il est vrai, je vais voir mon cher Henri revêtir l'habit d'apôtre, je vais l'entendre renoncer hautement au lien si doux qui nous unissait, mais du moins j'ai conscience du but vers lequel son cœur noble et généreux.l'entraîne quand il s'éloigne ainsi de moi; cette conscience me suffit pour accepter tous les sacrifices, et, en effet, quelques larmes, quelques douleurs ne sont rien, quand il s'agit de l'affranchissement du monde.

» Quant à la position sociale que je me promets, parce que je veux travailler à me la créer, la voici, Père : la *femme* traînée à la suite des hommes généreux qui les premiers lui tendirent la main, parla beaucoup d'émancipation, vanta sa liberté nouvelle et marcha toujours enchaînée, se disant l'*égale de l'homme*, sans presque sentir les fers qui la blessaient et paralysaient tout ce qui en elle est bon et grand.....Rêve, folie! il n'est d'émancipation, de liberté, d'égalité véritables pour la femme que celles qu'elles devra à son élévation, à son développement, à ses efforts courageux pour *marcher seule*, et montrer à tous qu'elle ne peut penser, agir, sans puiser dans un regard d'homme le secret de son inspiration.

» Père, la femme va essayer cette phase nouvelle, elle va balbutier ses premières paroles d'affranchissement, je comprends cette œuvre et je m'y associe ; je vais m'unir à toutes celles qui sentiront comme moi qu'il nous faut aujourd'hui marcher SEULES, si nous ne voulons pas toujours être des *inférieures*, de pauvres *exploitées*, des *esclaves* enfin.

» J'aurais voulu vous écrire avec plus de détail, mais on se bat dans Paris, les balles m'étourdissent et m'ôtent la faculté de penser à autre chose qu'à ces hommes qui, dans le délire de la fièvre et de la douleur, s'entretuent comme s'ils n'étaient pas destinés à être tous un jour de la même famille.

» Adieu, Père, ne me retirez pas votre bonne et tendre affection, je sens qu'elle manquerait à mon cœur, et j'ai la conviction que je n'ai pas cessé de la mériter. — CÉCILE FOURNEL. »

Que se passait-il cependant à Ménilmontant, tandis que le canon tonnait dans Paris et qu'Enfantin n'était pas là pour faire entendre à ses enfants sa parole suprême, quelque sublime enseignement par-dessus le bruit d'une guerre fratricide ?

Les disciples exécutaient religieusement les travaux indiqués par le maître, et mettaient tout en ordre pour la solennité du lendemain. Rien de ce qui était tracé dans le programme n'était négligé, et Talabot, à la fin de la journée du 5, pouvait écrire à Michel, Barrault et Fournel :

» Nos très-chers frères,

» Au nom de Dieu et de notre Père. — Voici comment a été accomplie, dans la journée du 5 juin, la partie de notre œuvre dont le soin m'est confié par notre Père, sous votre direction.

» Pendant toute la journée, j'ai été occupé, à des intervalles divers, à surveiller les ouvriers chargés de refaire les pantalons du costume et leur envoi chez diverses blanchisseuses. J'ai confié à Tourneux, assisté de Terson, le soin d'organiser le vestiaire de la satisfaction, j'ai veillé à la réparation des ceintures dont j'avais confié l'exécution à Desloges.

» Le matin j'ai balayé et frotté seul le salon où la famille se réunit avant les repas. Le soir, avant dîner, j'ai frotté seul la grande pièce où l'encaustique avait été passé le matin. J'ai surveillé l'exécution des deux tentures qui devront fermer les remises de la cour d'entrée.

» A six heures, j'ai préparé le terrain sur lequel

la famille s'est réunie pour former le cercle du
Père, j'ai fait ensuite former ce cercle et exécuter
une manœuvre pour la réception du Père. J'ai in-
sisté, auprès de la famille, sur le désir que j'éprouvais de développer en son sein cet aspect du sentiment religieux qui doit lui faire considérer l'*atti-
titude* et la *forme*, comme un des principaux
moyens de se rendre plus digne de Dieu, de notre
Père, des femmes et du peuple. J'ai à me plaindre
de l'absence de quelques membres de la famille au
moment où hier ce devoir religieux s'accomplis-
sait. Je désire que mercredi la famille, en recevant
le Père, puisse exécuter religieusement les évolu-
tions suivantes. — Elle ouvrira le cercle pour le
recevoir et chantera dans cette position, salut, Père,
salut, salut et gloire à Dieu ! Les chanteurs se met-
tront ensuite en place et feront entendre le chant nouveau de David, Rousseau et Duveyrier.—La prise
de costume aura lieu alors, si telle est la volonté du
Père. — La cérémonie terminée, la famille exécu-
terait une des marches instituées par le Père, en
faisant entendre le chant de Bergier et David. — Je
vous demande, mes très-chers frères, d'indiquer
dans la journée le temps nécessaire pour préparer
la famille à exécuter ces divers mouvements avec
grâce, ensemble et *dignité*.

» Dans la soirée, j'ai travaillé au sable.

» Voici l'emploi du temps de mes fils. — Tourneux assisté de Terson a passé la plus grande partie de la journée au vestiaire, à poser des portemanteaux, des étiquettes, et à préparer des tasseaux pour les planches à mettre.

» Ils ont employé le reste de la journée au lavage de la vaisselle et au nettoyage des chambres. Tourneux a passé le matin trois heures au sable. Terson a mis l'encaustique sur le parquet de la grande pièce. Justus a travaillé toute la journée dans l'atelier de peinture.

» Après la manœuvre, Tourneux, Terson et Justus se sont occupés des chants sous la direction de Duveyrier et David. Je n'ai que des témoignages d'amour à donner à mes fils, pour le zèle religieux avec lequel ils ont accompli leur œuvre.

» Recevez, mes très-chers frères, le témoignage de mon amour pour le zèle religieux que vous mettez à faire aimer et pratiquer à la famille les habitudes *d'ordre* et de *régularité*, de *dignité* et de *respect* qui la rendent plus digne de Dieu, de notre Père, du peuple et des femmes.

» Notre Père, vous êtes aimé de vos enfants; ils souffrent de votre absence, chaque fois que votre nom est prononcé au moment du repas, un frémissement religieux agite le sein de vos enfants. Père, vous serez vénéré à votre retour au milieu de nous, et vos enfants, par vous, se respecteront entre eux autant que vous le désirez.

» EDMOND TALABOT, *apôtre.* »

Enfantin, ainsi que nous l'avons vu dans la note qui nous a été communiquée, rentra en effet à Ménilmontant le 6 juin, pendant qu'une jeunesse intrépide combattait à outrance, dans Saint-Merry, la même royauté dont elle avait payé de son sang la couronne en 1830, et qu'on lui avait donnée alors pour la meilleure des républiques. Les révolutions athées manquaient donc de puissance pour réformer sérieusement les abus et extirper radicalement les vices de l'autorité ancienne. Quel contraste entre le grand monde des Tuileries et le petit monde de Ménilmontant! Là, le souverain de la première nation du monde, enfant de Voltaire substitué au fils aîné de l'Église, irrité de n'être plus qu'un objet de défiance, de haine ou même de malédiction pour le même peuple qui venait de l'élever au trône, s'emporte jusqu'à dire aux plus illustres chefs du parti qui l'a couronné et qui lui demandent quelques concessions libérales, qu'il se fera broyer dans un mortier plutôt que de condescendre à leurs désirs : ici, le chef, le père d'une

poignée de croyants, se fait obéir sans contrainte
et bénir sans réserve ; parce que la suprématie
qu'il exerce n'est que l'expression de la supériorité
de ses sentiments, de ses idées et de ses volontés,
et que tous ceux qui le suivent, qui l'aiment et qui
le vénèrent, sont religieusement convaincus que
son ambition et son absolutisme tout religieux n'ont
pour but que de faire servir cette supériorité au
progrès moral, intellectuel et matériel de la famille humaine. La cérémonie du 6 juin, à Ménilmontant, va mettre de plus en plus en relief cette
réciprocité de confiance et d'amour entre le maître
et le disciple. Voici le récit officiel de cette journée,
tel qu'il fut publié en 1833 :

RETRAITE DE MÉNILMONTANT.

» Mercredi 6 juin 1832, la famille saint-simon-
nienne, retirée depuis le 23 avril à Ménilmontant,
ouvre pour la première fois les portes de sa retraite.

» A une heure et demie, elle se réunit en cercle
devant la maison. Autour d'elle, à quelques pas de
distance, les directeurs des centres de quartier à
Paris, et les membres de la famille extérieure, forment un second cercle, sous la conduite de HOART
et de BOUFFARD.

» Entre les deux cercles sont disposées des

places pour les femmes qui ont pendant quelque temps appartenu à la hiérarchie.

» En dehors du second cercle, se presse un assez grand nombre d'assistants, bourgeois et prolétaires, attirés, presque tous de Paris, quelques-uns des départements, par la convocation du mois de juin.

» Paris, dont on découvre une partie du lieu de la réunion, envoie jusqu'à nous le bruit de la fusillade, et même les cris des combattants.

» Le ciel est nuageux ; le soleil rayonne brillant et chaud, dans les intervalles d'une pluie orageuse.

» A deux heures, le retour du PÈRE est annoncé : *Bergier* et *Pennekère* le précèdent ; MICHEL marche à ses côtés ; d'EICHTHAL et HOLSTEIN, qui l'ont accompagné ; *Auguste* et *Desloges*, le suivent.

» Le soleil est dans tout son éclat.

» Le PÈRE s'avance, d'un pas lent, la tête nue, une majesté sévère est sur sa face.

» A peine il a paru, une partie de la famille l'accueille par le chant :

Salut, Père, salut,
Salut et gloire à Dieu.

» Le PÈRE entre dans le cercle de la famille de Ménilmontant, où son cortège prend place ; il promène silencieusement ses regards sur elle. Ses enfants, dont il avait été éloigné pendant trois jours, tressaillent d'une joie vive, grave, exaltée, profonde : une religieuse émotion se témoigne sur tous les visages et dans l'attitude de tous.

» Le chant terminé, le PÈRE dit :

» BARRAULT, que s'est-il passé ici pendant mon absence ?

» BARRAULT. — PÈRE, voici devant vous vos enfants, que vous aviez confiés, pendant ces trois jours, à mes frères MICHEL et FOURNEL, et à moi ; nous voici tous devant vous, et tous, j'ose le dire, meilleurs, parce que la parole que vous nous avez laissée en partant a commencé à germer en nous.

» Vous nous avez dit, *travaillez* et *méditez* ; nous avons obéi.

» Oui, la gloire de *l'abolition de la domesticité* sera attachée, selon votre volonté, à cette maison, au lieu de votre naissance, au Bethléem nouveau. Depuis plus d'un mois, tous les labeurs que le monde impose avec dédain, avec dégoût, aux *serviteurs* et aux *prolétaires*, toutes les occupations qu'il regarde comme pénibles, répugnantes, avilissantes, nous les accomplissons avec une religieuse ferveur.

» Mais nous ne nous étions pas encore pliés à cette continuité d'efforts réguliers qui composent la journée du PEUPLE; nous avons commencé à imiter l'exemple que vous nous en aviez donné.

» Les travaux du jardin ont été achevés; il n'y reste plus de trace de négligence ou d'abandon. Les terrains incultes ont été défrichés. Parcourez ces allées; elles ont été nettoyées, alignées, ratissées par nous, et couvertes du sable que nous y avons porté nous-mêmes après l'avoir extrait d'une mine creusée par nos bras.

» Les réparations de la maison sont terminées; les salles communes, les appartements, les cours, ont été balayés, lavés, frottés par nous; car il ne s'agissait plus seulement de rendre notre demeure digne de recevoir ceux qui viendraient nous visiter, mais encore de vous y donner à vous-même, à votre retour, le spectacle de la tenue et de l'ordre.

» Enfin, chaque matin, chaque soir, la lecture de votre parole a été pour nous un rappel à la *méditation*. La vie de l'un des saints du christianisme, également lue en commun, nous a offert des traits multipliés de cette patience laborieuse et de cette gravité forte que nous avons à transformer en nous pour notre mâle apostolat. La musique a aussi contribué par un caractère de solennité sévère, à nous inspirer de sérieuses réflexions sur la prise de l'*habit apostolique* que nous devons revêtir aujourd'hui.

» PÈRE, nous avons trouvé dans la famille soumission à l'autorité dont vous nous avez investis : un seul de vos enfants oublia un moment l'obéissance ; mais il a racheté sa faute par un repentir plein d'effusion.

» Voilà ce qui s'est passé pendant votre absence ; voilà comment nous avons obéi à votre volonté : *travaillez* et *méditez.*

» Mais avant de m'arrêter, permettez que dans la déplorable circonstance où se trouve Paris, j'exprime mon admiration pour cette haute prévoyance qui est en vous, qui nous dirige, et nous tient préparés à tous les événements du dehors.

» A peine la révolution de juillet avait éclaté, notre voix put s'élever du milieu des barricades, haute et fière, pour *enseigner* à la *bourgeoisie* victorieuse l'avenir de la société, et l'amélioration du sort du *peuple* qui avait combattu. Grâce à l'institution de la hiérarchie que vous aviez fondée parmi nous, nous étions prêts pour user de la victoire au profit de tous.

» Mais après que nous avons *exposé* notre foi et développé le *plan* d'une vaste régénération ;

» Après que vous avez couronné l'*enseignement* d'un ordre *politique* nouveau par la révélation d'un ordre *moral* nouveau, et adressé à tous un *langage* de paix;

» Par votre ordre, nos livres se ferment, notre plume est abandonnée, notre bouche reste muette, et nos études, nos journaux, nos prédications sont suspendus.

» Assez, assez longtemps, dites-vous, nous avons été des *docteurs;* le monde est gros de notre *parole;* retirons-nous.

» Ah! nous avions à nous refaire pour une mission nouvelle! Notre apostolat avait été, auprès de la classe privilégiée, un apostolat de *doctrine,* de *théorie,* de *parole;* c'est celui du *culte,* du *travail,* de l'*acte,* qui doit commencer pour nous auprès des classes laborieuses et déshéritées.

» Et déjà nous nous initions aux fatigues, aux travaux, aux privations du *peuple;* déjà nous pouvons lui tendre une main qui porte les traces de nobles callosités, et qui ne craint pas l'énergique étreinte de sa main laborieuse.

» Or, voici qu'en ce jour, à cette heure même, on court aux armes, au nom du *peuple;* d'autres barricades s'élèvent; on combat, et le sang coule encore.

» Quelle sera l'issue de ce funeste événement ? Nous l'ignorons. Mais ce que nous savons, c'est que la nécessité d'améliorer le sort du *peuple* en ressortira plus évidemment que jamais pour les vainqueurs et pour les vaincus, quels qu'ils soient.

» Ce que nous savons, c'est que le *peuple*, outre les tentatives d'une amélioration *matérielle* dans son sort, devra être satisfait dans ses besoins d'une éducation *morale*, d'un espoir *religieux*, d'une foi *pacifique*.

» PÈRE, grâce à l'initiation que vous nous avez donnée, nous sommes prêts aujourd'hui pour cette tâche nouvelle, comme nous avions été prêts pour la précédente.

» Et comment, à voir ce lien merveilleux des phases de notre développement et des phases du développement de la société, comment ne pas admirer en vous cette profonde sympathie qui vous met en communion avec tous ? Vous pressentez les mouvements du monde extérieur ; les orages d'hommes, dont les signes sont encore inaperçus, pèsent d'avance sur votre poitrine ; les événements qui se préparent sont présents pour vous ; et, grâce à votre signal prophétique, nous marchons à l'avant-garde de l'humanité, en la précédant toujours dans

la voie qu'elle cherche et que nous lui faisons plus
large.

» Qui donc oserait encore répéter contre nous
cette sinistre prédiction, que notre foi, après avoir
crû et fleuri dans l'atmosphère factice d'une serre
chaude, va tomber au rebut des choses les plus mé-
prisables?

» Aujourd'hui que vous nous avez préparés, par
la loi du *célibat*, la *retraite* et les travaux du *prolétariat*, à une mission glorieuse;

» Aujourd'hui que, décidés nous-mêmes, non
plus à jeter au *peuple* des proclamations *écrites*,
mais à nous lancer au milieu de ses rangs comme
des proclamations *vivantes*, nous mettons en nous
une *patience inébranlable*, une résolution *immuable* et *sévère*, une *mâle gravité*, afin d'enraciner
profondément dans le *peuple* le rameau initiateur
que vous avez reçu de DIEU !

» Pour accomplir cette tâche, qui exige de nous
un courageux renoncement à tous nos liens avec le
monde;

» PÈRE, nous demandons de vous, si vous nous
en jugez dignes, l'habit apostolique qui achèvera
de nous distinguer de la société dont nous portons
encore le costume. Déjà les murs de cette maison
ont été un premier symbole de notre séparation,

mais ce n'est point assez; que l'habit attaché à
notre corps en soit un signe continuel; qu'il soit
l'étendard toujours présent de la mission que vous
tenez de DIEU et que vous nous confiez ! »

Le PÈRE. — « On se bat au faubourg Saint-
Antoine; *Caboche*, es-tu sûr d'avoir toute la *force*
qu'il faut, toute la *vertu* nécessaire pour diriger ce
centre que je t'ai confié, et te montrer au milieu
d'un peuple qui se bat?

Caboche. — » Oui, PÈRE.

Le PÈRE. — » Je ne le crois pas, et j'aimerais
mieux que tu en fisses publiquement l'aveu.

Caboche. (Après un moment de réflexion.) —
» Il me faudrait un homme avec moi.

Le PÈRE. — » Ce n'est pas là ce dont il s'agit.
Je te demande encore une fois si tu te crois digne,
en ce moment, de représenter dans le faubourg
que tu diriges, au milieu du peuple armé, la
famille pacifique qui annonce ce que nous annon-
çons.

Caboche. (Avec hésitation.) — » Mais... PÈRE,
il n'est pas encore temps.

Le PÈRE. — » Je ne te demande pas si le faubourg est prêt, mais si tu es prêt.

Caboche. — » Pas aujourd'hui, PÈRE.

Le PÈRE. — » Tu es suspendu de ta fonction;

ton Père Hoart prendra spécialement la direction de ce faubourg.

Hoart. — » Père, je m'en charge.

Le Père. — » Mes enfants, je vous ai écrit, en vous quittant, que je voulais, durant ces trois jours, vous préparer *en moi* à revêtir l'habit d'apôtre; je suis prêt, et j'ai hâte de porter ce costume, signe de paix et d'affranchissement; car le peuple a besoin de le connaître; Paris l'appelle avec sa voix de mort.

(On entend le canon de Saint-Merry et la fusillade.)

» Avant de consacrer en moi l'habit que je vais porter et que je vous ferai porter aussi, j'ai pris ces trois derniers jours pour revoir ma vie passée.

» Mon père était loin de moi, je lui ai écrit de revenir.

» Aglaé, qui est pour moi plutôt une sœur qu'une fille, prend en ce jour mon héritage maternel; mon père viendra près d'elle, et déjà près d'elle se trouve la fille que ma mère avait adoptée, sa nièce.

» Pendant ces trois jours, j'ai visité une femme qui avait été longtemps près de nous, qui s'était séparée de nous, et qui aujourd'hui est au milieu de nous, Cécile Fournel.

» En elle, je ne me suis pas fait *absoudre;* mais

j'ai pu lui donner, à elle qui a tant souffert pour
toutes les femmes qui se sont approchées de nous et
qui ne sont plus avec nous, ou qui souffrent encore
près de nous, l'*explication* des douleurs que j'ai
causées dans la marche rapide de notre mâle apostolat.

» Je suis allé aussi chez une femme que je n'a-
vais point oubliée, mais dont je m'étais éloigné :
voilà son fils! (*Le* PÈRE *prend dans ses bras un
enfant qu'il embrasse, il traverse le cercle et le
porte vers* HOLSTEIN, *qui embrasse l'enfant; le*
PÈRE *le caresse encore et le remet à* AGLAÉ.)
AGLAÉ le rendra à sa mère, qui est en ce moment
chez CÉCILE; l'affection de ces trois femmes rend
mon passé léger; j'ai l'âme calme.

» Pendant mon absence, je me suis occupé, avec
BOUFFARD et HOART, de la division de notre apostolat en deux branches, apostolat *régulier* et apostolat *séculier*, comme le chrétien distinguait son
clergé. J'ai chargé BOUFFARD et HOART de suivre
tous nos intérêts passés avec le monde que nous
quittons. Aujourd'hui même, j'ai donné à BOUF-
FARD le pouvoir de disposer pleinement de ce que,
selon la loi du monde, je possède; je ne veux plus
et ne peux plus signer un *acte* en ce monde, et les
hommes qui marcheront à côté de moi, portant le

même habit que moi, n'en signeront pas davantage;
tous, nous serons libres des entraves du monde ;
nous aurons renoncé à ce que les chrétiens appe-
laient *Satan* et *ses pompes*, afin d'être mieux préparés à gagner *notre pain de chaque jour* nous-
mêmes, afin d'être dignes de recevoir, comme le
peuple, le *salaire*.

» Tel sera notre baptême; et ce baptême, c'est le
prolétaire qui le donnera. Préparez-vous.

» Hier, j'avais fini cette revue de ma vie passée,
j'avais mis ordre à mes affaires du monde, lorsque
le bruit des armes s'est fait entendre. DIEU a voulu
qu'au moment même où je ne pensais qu'à notre
vie *privée*, qu'à nos *personnes* et à nos *familles*,
au moment où notre vie *morale* m'occupait seule,
j'allasse me retremper, dans l'émeute, pour notre
mission POLITIQUE.

» Enfants, ma vie ancienne est finie; avec vous
et pour vous, DIEU me donne une vie nouvelle. Je
vous l'ai dit, l'homme nouveau, l'*homme* se forme.
De ce jour, commence pour vous une ère nouvelle,
ère de virilité et de prudence, de force et de patience. J'ai la volonté et nous aurons la puissance
de faire aimer et respecter par le monde l'habit
nouveau que nous allons prendre; je puis vous le
donner, je vous vois préparés pour le recevoir.

D'Eichthal, Holstein, allons aussi nous préparer;
Auguste, Desloges, Broé, venez aider vos Pères. »

— Le PÈRE et ses cinq enfants se retirent et reviennent peu de temps après.

Talabot et *Tourneux* ont fait les dispositions nécessaires pour la prise de l'habit apostolique.

Le PÈRE. —« Lorsque je vous ai conduits dans cette retraite, je vous ai annoncé qu'ici vous deviez tous vous considérer comme des *frères*, et ne voir de PÈRE qu'en moi. Sans doute, ceux d'entre vous qui ont acquis des droits au respect et à l'affection de tous par leurs services, ne peuvent les perdre; il y a des frères *aînés* et des frères *cadets :* mais j'ai voulu, au moment où nous dépouillons les formes d'un apostolat usé pour en commencer un nouveau, que notre ancienne hiérarchie fût effacée. Désormais, ce ne sera plus en vertu d'une *prévision,* d'une espérance, mais d'un *acte,* d'un *fait,* que vos rangs seront marqués. C'est pourquoi l'habit que je vous donne est le signe de cette égalité que je veux aujourd'hui établir entre vous. Nous paraîtrons ainsi devant le *peuple :* le *peuple* vous verra à l'*œuvre;* c'est lui qui vous donnera vos noms et vos grades que confirmera ma sagesse; c'est lui qui de sa main attachera à votre habit les galons que vous aurez gagnés. »

— Le PÈRE dépose son habit du vieux monde ; assisté d'*Auguste*, attaché à son service personnel, il revêt l'habit apostolique.

TALABOT lui présente une ceinture de *velours ;* le PÈRE l'essaye et dit : « Tu le vois, je t'avais demandé une ceinture de *cuir*, comme celle de mes enfants, et j'avais raison ; celle-ci ne me va pas. »

(Au moment où le PÈRE achève de s'habiller, un pavillon aux couleurs rouge, blanche et violette, horizontalement disposées, est hissé au mât placé sur la terrasse.)

Le PÈRE demande ensuite à *Auguste* s'il est prêt. *(Il lui fait donner le costume, et lui attache de sa main le premier bouton du gilet.)*

Le PÈRE. — « Ce gilet est le symbole de la *fraternité ;* on ne peut le revêtir à moins d'être assisté par l'un de ses *frères.* Je sais que les républicains peuvent se plaindre de ce que la liberté est opprimée parmi nous, et que l'homme n'y jouit pas de son indépendance, de sa personnalité : mais si ce gilet a l'inconvénient de rendre un aide indispensable, il a l'avantage de le rappeler chaque fois au sentiment de l'association. Toi, BARRAULT !...... Je ne te demande pas si tu es prêt. »

(BARRAULT *prend l'habit.*)

Le PÈRE. — « Mes enfants, je ne vous embrasse plus; désormais, nous avons à nous donner entre nous les signes caractéristiques de la PATERNITÉ, du PATRONAGE, de la *fraternité*.

» Viens, HOLSTEIN. (*Il reçoit dans la main droite la main droite d'*HOLSTEIN, *et il lui pose la main gauche sur l'épaule droite.*)

« Voilà le signe de la PATERNITÉ. »

(*Il présente croisées, la gauche au-dessus de la droite, les mains à* HOLSTEIN. HOLSTEIN *les saisit de ses mains, croisées dans le même ordre.*)

« Voilà le signe du PATRONAGE. »

(*Il unit sa main droite à la main droite d'*HOLSTEIN; *il pose la main gauche sur l'épaule droite d'*HOLSTEIN, *dont il reçoit la main gauche sur son épaule droite.*)

« Voilà le signe de la *fraternité*.

» MICHEL!... FOURNEL!... et vous, D'EICHTHAL, CHARLES, LAMBERT!... vous êtes prêts, je le sais, vous, et les membres de l'ancien collége, OLIVIER, SIMON, RIGAUD, HOLSTEIN, BRUNEAU, HENRY. »

(*Tous prennent l'habit; cependant, la pluie tombe et continue jusqu'à la fin de la cérémonie.*)

« Et toi, *Petit?*

Petit. — » PÈRE, vous m'avez vu faible quelquefois; aujourd'hui, en présence d'un engagement aussi solennel, je me suis interrogé, et je l'affirme, sans peur de me tromper sur ma force : je suis prêt. Mais j'ai une mère comme le monde en compte peu, vous le savez; je crains qu'elle ne soit pas prête à me voir prendre cet habit. Vous-même vous avez dit que nous ne devions pas briser violemment nos liens avec le monde, et jamais un fils n'eut pour sa mère plus de sujets de tendresse et de reconnaissance. Cependant, si vous l'ordonniez, j'obéirais; mais j'aimerais, pour accomplir avec une joie entière un acte pareil, que ma mère pût y consentir.

Le PÈRE. — » Où est ta mère? »

(*Le PÈRE aperçoit madame Petit placée entre les deux cercles, et s'approche d'elle; elle se lève très-émue de la parole de son fils.*)

Le PÈRE. — « Tu as raison, *Petit*. Attends le consentement de ta mère; tu l'auras un jour. Je suis content que tu y aies pensé, et je suis fâché que d'autres que toi n'aient pas parlé de leurs liens de famille.

» Et toi, *Rogé?*

Rogé. — » PÈRE, nouvellement arrivé parmi vos enfants, je ne me sens pas encore la force nécessaire pour prendre l'habit apostolique; j'aurais besoin d'être plus détaché que je ne peux l'être aujourd’hui d’une affection du vieux monde; mais j’espère que je m’en rendrai digne.

Le PÈRE. — » Tu fais bien. »

Toché déclare qu’il n’est pas prêt; il est pâle et souffrant.

Le PÈRE l’embrasse et l’engage à se retirer.

Franconie a besoin d’attendre.

Bergier, Broé, Deslogès, Pennekère, Terson, Ribes, Machereau, Mercier, Rochette, prennent l’habit.

(Pendant ce temps, la pluie augmente et le tonnerre se fait entendre.)

Le PÈRE. — « Voici le tonnerre.

MICHEL. — » PÈRE, il y en a deux. » *(Le canon de Paris gronde.)*

Tous les assistants sont émus à la fois du caractère de la cérémonie et des circonstances dans lesquelles elle a lieu.

Le PÈRE. — « *Justus!*

Justus. — » PÈRE, j’ai souvent hésité, et la famille a pu quelquefois douter de moi; mais j’ai assez de foi pour plier mon indépendance à la règle, et aujourd’hui je puis répondre de moi.

Le PÈRE. — » J’y comptais... *David,* tu n’as rien qui te retienne dans le monde?

David. — » Non, PÈRE. »

» *Justus* et *David* prennent l'habit.

» *Massol* demande du temps.

Le PÈRE. — » Et toi, Pouyat, es-tu libre ! n'as-tu point de liens de famille qui doivent t'empêcher de t'engager avec nous ?

Pouyat. — » Non PÈRE.

Le PÈRE. — » Tu es ici l'un des plus jeunes ; mais ta vie est ici. Ajoute seulement à ta figure plus de gravité ; elle sied à l'habit que tu vas prendre.

Raymond Bonheur. — » PÈRE, je suis faible, mais vous savez ce qui fait ma faiblesse, c'est la situation de ma femme, aujourd'hui ma sœur, et de nos enfants ; car le courage ne me manque point. Aujourd'hui je le sens plus grand que jamais. Dieu vit en tous ; Dieu n'abandonnera pas les êtres dont le sort m'inquiète quelquefois. Ma foi en vous, PÈRE, fait ma force.

Le PÈRE. — » Qui sens-tu ici pouvoir ajouter à ta force ?

Raymond Bonheur. — » Mon père TALABOT ! quand je regarde sa face, je me sens plus ferme.

Massol. — » PÈRE, si j'ai demandé du temps, ce n'est pas que ma foi en vous soit ébranlée ; mais mon attachement pour ma famille me retient encore dans le monde, et je ne veux prendre l'habit que lorsque je serai plus libre.

Le PÈRE. — » Et toi *Retouret ?*

Retouret. » — PÈRE, je vous ai dit un jour que je voyais en vous la majesté d'un empereur, et pas assez pour ma faiblesse la bonté d'un Messie. Vous m'apparaissez formidable. Aujourd'hui j'ai senti profondément tout ce qu'il y a de tendresse et de douceur en vous : PÈRE, je suis prêt.

» *Raymond Bonheur* et *Retouret* prennent l'habit.

» Enfin TALABOT, qui a présidé à la prise du costume, revêt l'habit apostolique, aidé par *Tourneux*, et à son tour il assiste *Tourneux.*

» Le PÈRE commande à la famile de rompre le cercle et de prendre les rangs de marche. Pendant que les rangs se forment et qu'on se prépare à la marche, le Père marchant devant la famille dit :

» Le jour n'est pas éloigné où nous montrerons notre habit hors de cette maison. Dimanche, nous sortirons.

» Lorsque nous sommes venus à cette retraite, nous nous sommes arrêtés dans notre route à une tombe, celle de ma mère. Nous avons passé silencieux ; mais là où nous avons été muets, dimanche nous aurons une parole.

» Nous irons ensuite sur le chemin de Vincennes,

là où, en 1814, j'ai servi ma pièce sous l'uniforme de l'École polytechnique. C'est là que je donne rendez-vous à tous ceux qui nous aiment et veulent nous donner un témoignage de leur amour.

» De là nous nous rendrons ensemble à Saint-Mandé ; nous irons visiter le berceau de cet enfant que j'ai mis au monde de mes mains ; j'étais seul auprès de la mère.

» Et quand j'aurai fait avec vous cette course qui est une dernière revue de mon passé, nous reviendrons tous ici, afin de nous préparer ensemble à notre avenir.

» Marchons ! »

» —La famille, ayant le PÈRE à sa tête, se met en marche ; elle entonne le chant : *Peuple, si notre voix réclame*, et consacre le jardin par une procession.

» Elle rentre dans la galerie, dont les assistants occupent une partie.

» Aglaé Saint-Hilaire prend la parole et s'exprime en ces termes d'une voix émue :

— » Un homme a fait l'appel aux femmes ; une des premières j'ai répondu. Aujourd'hui, par lui l'indépendance des femmes commence, mais elles ne peuvent se dire vraiment libres.

» Cet homme, le voilà ! je n'ai jamais accepté sa

paternité et j'ai trouvé, dans son appel même, la raison de ma résistance. Si j'ai bien compris l'affranchissement des femmes, les titres nouveaux qui constituent la famille nouvelle ne seront donnés par nous à cet homme qu'à une condition de hiérarchie parmi les femmes, lorsque l'une d'elles pourra s'asseoir à ses côtés. Jusque-là, les noms continués de père, de frère et de fils se rattacheront aux anciennes affections, et c'est pourquoi le PÈRE ENFANTIN ayant dit que j'avais été pour lui une sœur, qu'il me confiait les jours de son vieux père, je l'appelle encore maintenant mon FRÈRE.

» J'accepte l'héritage qu'il m'a transmis ; je m'en rendrai digne. Je vais aussi, avec toutes celles qui voudront se joindre à moi, faire l'appel aux femmes.

» Nous unirons nos efforts pour toucher le cœur de la femme *forte, intelligente* et AIMANTE, entre toutes, qui viendra nous nommer chacune suivant notre amour et nos œuvres, et alors nous aurons un *père,* une *mère,* des *frères* et des *fils.* Jusque là, nous ne pouvons avoir que des sœurs et des filles. Mais à nous seules appartiendra de faire comprendre au monde par nos actes, notre dévouement et nos sacrifices, la grandeur de la reli-

gion nouvelle qui vient affranchir les classes pauvres et donner la liberté aux femmes. »

*(Le PÈRE aperçoit parmi les assistants Ché-
ruel qui s'était attaché à Olinde Rodrigues lors de
la scission).*

Le PÈRE — » Chéruel, puisque vous êtes ici,
dites, je vous prie, à Olinde Rodrigues, que j'ai
envoyé ce matin chez lui d'Eichthal, pour répondre à la lettre qu'il m'avait écrite lors de la mort
de ma mère ; j'avais chargé d'Eichthal de l'engager à venir traverser avec moi les boulevards
tels qu'ils sont aujourd'hui, pour m'accompagner
ensuite ici. Tous deux nous avions dit qu'au jour
de l'émeute nous irions nous montrer au milieu
d'elle ; il était absent. J'ai traversé seul les boulevards. »

— « Chéruel déclare accepter la mission de paix
que le PÈRE lui donne pour Olinde Rodrigues.

» Alors le PÈRE ordonne à ses enfants de
rompre leurs rangs, et de retourner chacun à son
service, à son *travail.* »

Le lendemain, un manifeste était publié dans
Paris sous ce titre :

LES   SAINT-SIMONIENS ! ! !

« Le sang a coulé dans Paris ! Les troupes ont

bivouaqué dans ses rues! Les partis sont en présence !

» Il est bon qu'au milieu d'eux une parole religieuse s'élève et domine.

» Je suis *Saint-Simonien.* Je vais dire à tous ce que veulent les *Saint-Simoniens,* ce qu'ils pensent, ce qu'ils font ; leurs SENTIMENTS, leurs *desseins,* leurs *actes.*

» Nous sommes RELIGIEUX, c'est-à-dire PACIFIQUES et AIMANTS envers tous les *hommes,* toutes les *classes,* tous les *partis.*

» Nous VOULONS *l'amélioration* du sort de *tous,* nous ne VOULONS le TORT de *personne.*

» Nous *pensons* que la *violence* est toujours funeste, toujours *impie.*

» *Baïonnettes, canons, sabres, fusils, mitraille,* quelque parti qui les emploie, ne font rien pour *l'amélioration véritable* des hommes.

» Nous AIMONS les *républicains* parce qu'ils aiment le *peuple,* parce qu'ils *veulent* le *progrès,* parce qu'ils sont généreux, *enthousiastes* et *braves.*

» Mais NOUS NE SOMMES PAS RÉPUBLICAINS, parce que les *républicains* veulent un *progrès désordonné,* parce qu'ils haïssent les *légitimistes* et méprisent le *juste-milieu,* parce qu'ils ne savent point en quoi consiste le *véritable intérêt* du peuple.

» Nous AIMONS les *légitimistes,* parce qu'ils *aiment l'ordre,* parce qu'ils sentent les *droits du riche,* parce qu'ils veulent *conserver,* parce qu'ils aiment la *dignité,* la *majesté,* la *grandeur.*

» Mais nous ne sommes pas *légitimistes,* parce les *légitimistes* ne comprennent pas les *droits du pauvre;* parce qu'ils *n'aiment* point le *progrès;* parce qu'ils ne veulent point que le peuple se MORALISE, *s'enrichisse et s'éclaire;* parce qu'ils veulent conserver l'*ordre* selon le *hasard de la naissance.*

» Nous AIMONS le *juste-milieu,* parce qu'il aime par-dessus tout la *paix,* l'*ordre,* la *tranquillité,* la prospérité du *commerce,* parce qu'il est *industrieux, économe, soigneux* et *rangé.*

» Mais nous ne sommes *pas juste-milieu,* parce qu'il ne rend *justice* ni aux *républicains,* ni aux *carlistes;* parce qu'il emploie contre eux la *force,* la *violence;* parce qu'il se livre à la *haine;* parce qu'il ne connaît pas les moyens véritables d'avoir la *paix,* l'*ordre,* la *prospérité* du commerce.

» En un mot nous AIMONS tous les *partis* et nous ne *voulons l'extermination* d'aucun, parce que chacun a quelque chose en soi de *juste*, de *bon*, de *légitime*.

» Mais nous ne sommes *avec aucun parti*, et nous ne voulons le *triomphe exclusif* d'aucun, parce qu'aucun ne peut *triompher* sans *tyranniser*, sans *violenter*, sans écraser les autres; parce qu'aucun ne peut faire le bonheur de la France, puisque le *bonheur* est dans la *paix*, dans l'*union*, dans le *travail*, dans la *richesse*, et que tous les partis sont obligés d'employer pour réussir la *guerre*, la *discorde*, la *haine*, ennemis du *travail* et de la *richesse*.

Voyez plutôt! Le *républicain* veut exclusivement le *progrès* et l'*émancipation du prolétaire*; le *carliste* veut *exclusivement l'ordre du passé*, le maintien des droits du *noble* et du *riche*, les *priviléges de la naissance*.

» Le *juste-milieu veut exclusivement l'ordre légal, le statu-quo, la paix à tout prix*, et il regarde comme brouillons et factieux les *républicains* et les *carlistes*.

» Tant que ces partis subsisteront, ils chercheront à se *supplanter*, à se *détruire*, car telle est la nature des *partis*; nous aurons donc toujours des *troubles*, jamais la *paix* et la *prospérité*.

» Comment les faire disparaître? En leur offrant

à tous un *but* que *tous* puissent AIMER, auquel chacun d'eux puisse *concourir* dans son propre intérêt.

» Car lorsqu'ils auront le *même intérêt*, ils auront la même *volonté*, ils marcheront *unis* et non plus *divisés;* avec *ensemble et harmonie*, non plus en GUERRE et *en lutte.*

» Or NOUS, SAINT-SIMONIENS, nous avons cherché un *but* qui fût dans l'intérêt de *tous les partis;* NOTRE PÈRE ENFANTIN l'a trouvé, et notre vie est consacrée à le faire connaître.

» *Le but* n'est ni la *souveraineté populaire*, ni la *légitimité* de l'ancien régime, ni la *légalité*, c'est le DÉVELOPPEMENT DE L'INDUSTRIE, L'ORGANISATION EN GRAND DU TRAVAIL, L'AFFRANCHISSEMENT PACIFIQUE ET PROGRESSIF DES TRAVAILLEURS.

» Et nous avons indiqué les moyens *actuels* de l'atteindre :

» 1° En commençant immédiatement le CHEMIN DE FER *de Paris à Marseille;*

» 2° En exécutant le projet depuis si longtemps présenté d'une distribution générale d'EAU dans Paris; projet dont l'exécution permettrait en même temps de doter la ville d'un système général d'ÉGOUTS ;

» 3° En perçant une RUE DU LOUVRE A LA BASTILLE;

» 4º En envoyant dans les départements de l'ouest M. Mathieu de Dombasle à la tête de dix mille hommes pour défricher et mettre en valeur les *landes* de la Bretagne;

» 5º En transformant graduellement l'*organisation militaire de l'armée* en une *organisation industrielle*, en sorte que tout *régiment* serait une *école d'arts et métiers*, et que *tout soldat* en sortirait *bon ouvrier*.

» Mais comment déterminer la formation des compagnies industrielles nécessaires pour l'exécution de ces plans? Quels avantages leur accorder?

» D'immenses; et cela *sans augmenter l'impôt*; 87 millions sont tous les ans perdus à l'*amortissement;* nous voudrions que ces 87 millions fussent distribués à titre de primes annuelles de 2 à 3 pour 100 du capital engagé, pendant dix, quinze, vingt ans, aux associations qui se seraient chargées de quelque grande entreprise d'utilité publique. La portée de cette mesure serait considérable, car les 87 millions, à raison de 2 1/2 pour 100, représentent un capital de trois milliards quatre cent quatre-vingt millions.

» L'exécution de ces projets assurerait du travail, de l'aisance, du bien-être *au peuple;* aux entrepreneurs, aux *capitalistes*, de gros bénéfices ; aux *propriétaires*, l'augmentation de valeur ou la défaite avantageuse de leurs propriétés.

» Alors les RÉPUBLICAINS qui veulent l'*amélioration* et le *progrès* du *peuple*, seraient heureux ; car le *peuple* serait *bien nourri, bien vêtu, bien logé, bien élevé*, et surtout *gai, content et satisfait*. Alors les CARLISTES n'auraient plus sujet de regretter Charles X ou Henri V, car jamais Charles X ni Henri V n'auraient fait pour les *riches* et pour les *pauvres* rien de plus grand, de plus utile, de plus noble.

» Alors le JUSTE-MILIEU, qui craint par-dessus tout le *désordre*, qui a horreur de l'*émeute*, qui aime le *commerce* et l'*aisance*, verrait satisfaire le plus cher de ses vœux ; car le commerce prendrait une vie qu'il n'a jamais eue ; les *propriétés* augmenteraient de valeur, et la *paix* serait assurée.

» TOUT LE MONDE S'ENRICHIRAIT SANS QUE PERSONNE FUT APPAUVRI. Voilà les projets que depuis six mois NOTRE PÈRE a fait développer dans le *Globe* par *ses fils*, que nous avons présentés au gouvernement sous toutes les formes.

» Or, pendant ce temps, que faisaient les journaux de *tous* les partis ? ils n'ont cessé d'emplir leurs colonnes de menaces, de bravades, d'invectives, de reproches, de récriminations. Ils ont aigri les passions, envenimé les haines, et amené enfin l'insurrection vendéenne, et l'émeute à Paris.

» Si, au lieu de parler ce langage hostile et haineux, la presse tout entière eût suivi l'exemple du *Globe*, et tous les jours répété, commenté, développé, discuté, *perfectionné* les projets de travail et d'industrie indiqués par nous, elle eût fini par entraîner le gouvernement dans cette voie neuve, sage et pacifique; et à l'heure qu'il est les CHOUANS NE DÉSOLERAIENT PAS LA VENDÉE; PARIS N'AURAIT PAS ÉTÉ ARROSÉ DE SANG; QUATRE DÉPARTEMENTS ET LA CAPITALE NE SERAIENT PAS EN ÉTAT DE SIÉGE; la France serait heureuse, la capitale tranquille et allègre, le roi dormirait en sécurité; les puissances étrangères, qui se méfient de la France comme d'un volcan, se rassureraient vite au spectacle de *notre activité pacifique*, et le désarmement général diminuerait encore d'autant les dépenses *improductives* de l'État.

» Voilà ce que nous VOULONS, ce que nous *pensons*, ce que nous *faisons !* Et nous avons la ferme confiance que nous ne tarderons pas à être *compris* et AIMÉS de tous! que tous les *hommes*, tous les *partis, républicains, carlistes, juste-milieu, riches et pauvres, oisifs et travailleurs, prolé-*

taires et privilégiés, VOUDRONT, *penseront* et *fe-*
ront la même chose que nous ! qu'ils AIMERONT,
comme nous l'aimons nous-même, NOTRE PÈRE,
qui nous a donné pour eux *tous* de l'*amour.*

» Alors DIEU sera parmi les Français !

» Paris, 7 juin 1832.—CHARLES LEMONNIER. »

A la cérémonie du 6, Mlle Aglaé Saint-Hilaire
avait exprimé cette pensée, qu'elle ne verrait dans
Enfantin qu'un frère, tant que la hiérarchie gar-
derait son caractère exclusivement mâle. Cette déclaration parut à Mme Fournel exiger une explication qu'elle s'empressa de demander à Mlle Saint-
Hilaire par la lettre suivante :

« Belleville, 8 juin 1832.

» Ma chère Aglaé, lui dit-elle, le premier effet
de la voie d'affranchissement dans laquelle nous
allons marcher doit être de nous habituer entre
nous à une franchise qui dans le monde semblerait
brutale et maladroite; mais qui pour nous sera à la
fois un signe de liberté et d'union, je vais donc droit
à un fait qui m'a vivement frappée ; je veux parler
de la manière dont vous vous êtes posée comme
sœur du Père Enfantin. Je pense que vous vouliez
parler de la fraternité ancienne, de celle dont il a
parlé lui-même en vous donnant le nom de sœur ;
et en annonçant que son vieux père allait venir près

de vous; mais je suis persuadée que vous n'avez pas été comprise de tous, et vos paroles, en effet, semblaient s'appliquer à la fraternité religieuse hiérarchique; quant à celle-là, je vous l'avoue, le Père Enfantin ne saurait la connaître qu'en cessant d'être le chef, car en cette qualité il ne peut, il ne doit trouver un frère parmi les hommes, une sœur parmi nous; son égale sera la femme qui se *sentira* et qu'il *reconnaîtra* moitié de lui-même, ce sera celle enfin qui, le complétant, viendra constituer avec lui le couple, le pouvoir de l'avenir.

» Sans doute, dans la voie où nous voulons entrer, nous ne pouvons accepter la paternité d'aucun homme, nous ne sommes pas nommées par eux, ils ne peuvent être nommés par nous; mais alors, ma chère Aglaé, il me semble que notre dignité de femme nous interdit de prendre près d'eux des titres qu'ils auraient droit de nous dénier.

» Suivant moi, la grande-prêtresse de l'avenir, en se mettant à côté du grand-prêtre, aura seule la puissance de faire cesser cet état douloureux de séparation absolue qui doit être senti dans tous nos rapports avec ces hommes que nous aimons, et auxquels nous sommes mystiquement unies dans la plus sainte de toutes les communions. Maintenant, chère Aglaé, ce qui doit surtout nous occuper, c'est de frapper l'esprit, de toucher le cœur de cette femme forte, intelligente et aimante entre toutes ; pour cela nous aurons une puissance, qui, suivant moi, n'appartient qu'à nous ; à nous seules il sera donné de faire comprendre à ce monde qui lance l'anathème, la grandeur des actes qui nous arrachent tout le bonheur de notre vie ; on finira par dire (et la femme, être si prompt, si rapide dans ses inspirations, le sentira la première) : « Il faut qu'il y ait là quelque chose de bon pour que celles qui nous semblent avoir tant à se plaindre, chantent les louanges de cette religion nouvelle ; il faut vraiment qu'il s'agisse d'améliorer le sort de la classe souffrante, celui des femmes, pour qu'il n'y ait pas une sainte révolte parmi ces épouses, ces mères, ces sœurs délaissées ; voyez au contraire, elles glorifient l'époux, le fils, le frère qui vient de les quitter ; elles excitent son ardeur, et préparant l'affranchissement de leur sexe, elles s'essayent à marcher seules dans la voie d'émancipation qui vient de s'ouvrir, et surmontent leurs souffrances pour le bien de tous..... Ah ! courons vers elles, diront les âmes généreuses, allons les consoler, grandir à leur côté, ce doit être douce chose de se dévouer ainsi au bonheur des hommes, à celui des races futures..... Allons, volons.... »

» Oui, ma chère Aglaé, je crois fermement que, si nous faisons ce qu'il faut, les femmes nous viendront ; mais pour que cette attente ne soit pas vaine, il nous faut entrer dans une route où tout soit vrai, où la position de chacune de nous soit sentie par toutes les autres ; enfin il faut, peut-être sous une forme différente, tâcher de nous unir aussi fortement que ces hommes dont nous nous sommes séparées le sont entre eux ; plus nous sommes faibles en commençant, plus il y a pour nous de gloire à espérer, de bonheur à attendre de l'avenir ; nous ne serons pas *la première*, mais nous serons les filles chéries de cette femme révélatrice qui viendra poser les bases de la morale nouvelle, elle nous nommera chacune suivant notre amour et nos œuvres ; alors nous aurons un *père*, une *mère*, des *frères* et des *fils ;* jusque-là nous ne pouvons avoir que des *sœurs* et des *filles* ; alors la famille sera vraiment élevée, et notre vie deviendra aussi harmonieuse, aussi douce qu'elle est amère et cruelle aujourd'hui. — Cécile. »

Mlle Saint-Hilaire ne pensait pas là-dessus autrement que Mme Fournel.

Mais l'apostolat nouvellement constitué sous une forme sévère, pour marcher avec plus d'ensemble et de vigueur à l'affranchissement de la femme et du prolétaire, pouvait-il remplir sa mission avec succès, sans sortir de sa retraite de Ménil-montant, sans aller vivre au milieu de ceux qu'il venait affranchir, sans porter sa parole et ses exemples de tous les jours aux prolétaires et aux femmes, par delà même les frontières de la France et de l'Europe ?

Barrault adressa, le 14 juin, à Enfantin, une lettre remarquable sur cette grave question; il y disait :

« PÈRE,

» J'ai provoqué de toutes mes forces le célibat, la retraite, et j'ai prédit la dispersion.

» Nous touchons à l'une :

» Je demande l'autre.

» Oui, la dispersion de la famille;

» Mais avec le signe et les airs du ralliement, le costume et les chants, et des convocations à jour fixe autour de vous.

» Grâce à vous, mes mains ont été initiées au prolétariat.

» Mêlons-nous au peuple.

» Au lieu de l'attirer chez nous pour lui montrer nos travaux, allons à ses ateliers.

» Au lieu de lui donner des fêtes, allons aux siennes.

» Ne soyons plus des bourgeois débonnaires, s'amusant à amuser le peuple chez eux.

» Ni nos ressources, ni l'autorité ne nous le permettraient longtemps. Notre bourse est vide, et l'article 291 n'est pas effacé.

» Qu'un nouvel apostolat commence qui ne soit pas pour nous un *jeu* ou un *mieux aller*; mais qui soit celui de l'acte, de l'exemple, du travail, du salaire.

» Par cette dispersion du levain que vous avez si longtemps pétri, la masse populaire fermentera.

» Qui est prêt? qui ne l'est pas?

» Ce dernier coup de vent fera envoler toute paille.

» A ce prix seulement notre mâle gravité nous viendra.

» Père,

» Entouré du très-petit nombre de vos fils, vous puiserez dans cette solitude le sentiment habituel de cette dignité majestueuse et sublime qui couronne quelquefois votre face.

» Père,

» Vous passerez le front rayonnant d'un calme divin, sous le coup qui cicatrisa celui de Saint-Simon, et votre mission sera révélée à tous.

» Père,

» Vos enfants, que vous avez si longtemps nourris, vous nourriront à leur tour.

» Alors tombera cette familiarité camaradière qui existe aujourd'hui : le respect et la vénération naîtront pour vous de ce que *vous* serez, et de ce qu'ils seront devenus.

» Père,

» Vous serez vraiment roi, car vous serez plus grand, plus vénéré, mieux servi que vous ne l'avez jamais été.

» Et cette parodie mensongère de la royauté qui vous entoure s'évanouira.

» La FEMME, et dès longtemps je vous ai exprimé ce sentiment, la FEMME viendra à vous, émue d'admiration pour votre génie, votre constance, votre magnanimité; elle viendra à vous dans le célibat, dans l'humilité, dans la pauvreté, dans la douleur, dans le désert.

» Car elle est chrétienne.

» Et elle vous fera surgir au mariage, à la famille, à l'élévation, à la richesse, à la joie, au monde.

» Car elle est païenne.

» Et la famille naîtra seulement alors; il n'y a point de famille là où il n'y a qu'un père, et la femme appellera ses enfants et les vôtres ; vous ne devez point lui imposer *vos* enfants.

» Toute idée d'un avénement avant l'épuisement de cette phase me paraît chimérique. Nous avons saintement rêvé jusqu'à ce jour, car le mariage nous a fait marcher ; mais il nous a conduits au désert : acceptons-le sans nous abuser plus long-temps.

» Père,

» Vous saurez mieux que moi quelle destination assigner à chacun de vos enfants ; mais laissez-moi vous exprimer celle que je conçois bien nettement pour deux d'entre eux.

» Michel, inspirateur de la presse, doit être votre lien *politique* avec le monde.

» Fournel sera votre lien *moral* avec le monde.

» Pour moi, j'ambitionne la gloire d'être votre lien avec les parties du monde qui ne vous connais-sent pas encore. Je dirai votre nom, votre mission, et mon amour pour vous dans les grandes villes de l'Amérique, de l'Asie et de l'Afrique.

» Père,

» En vous parlant ainsi, j'ai cru vous donner un nouveau témoignage de mon respect et de mon amour pour vous : j'ai cru remplir la mission que vous avez confiée à mes frères et à moi. »

Enfantin ne pensait pas que le temps fût venu de
prendre une résolution immédiate à cet égard. C'é-
tait encore pour lui, comme il l'avait annoncé hautement, le 20 avril, la phase du repos et du silence.
Et puis il n'oubliait pas que le monde allait le tra-
duire à sa barre, et il se préparait, dans le recueillement, à cette solennelle confrontation. Sur ces en-
trefaites, Bazard, dont la santé, gravement altérée
depuis sa première attaque d'août 1831, n'avait fait
que s'affaiblir de plus en plus, au milieu des luttes
pénibles et des controverses acrimonieuses qu'il
avait traversées; Bazard tomba dangereusement
malade. Enfantin, qui en fut informé, s'empressa
d'écrire à Rodrigues :

« Ménilmontant, 27 juin 1832.

» Olinde, Bazard est très-mal; Fuster et Dugied,
m'a-t-on dit, désespèrent; ma présence serait mauvaise, je crois la vôtre bonne et indispensable, voilà
pourquoi je vous écris. Une seule personne le sait,
c'est Aglaé,[1] qui vous fait passer ce billet. Mon
cher Olinde, vous ne pouvez pas rester longtemps
ne m'aimant plus; le *temps*, contre lequel j'ai

---

1. Mlle Aglaé Saint-Hilaire envoya cette lettre à Rodrigues,
qui lui fit répondre qu'au moment même où le billet lui parvenait,
il se préparait à partir pour Courtry, où il alla en effet.

(*Note* d'ENFANTIN)

parlé, la première fois que j'ai passablement commenté la parole de NOTRE MAÎTRE, le temps est passé sur bien des choses qui étaient entre nous et les a usées, tandis qu'il faisait grandir celles qui nous lient ; j'attendais, et aujourd'hui je crois le moment favorable pour éveiller la mémoire de votre cœur, qui est aussi bonne que celle de votre esprit.

» Vous avez besoin de recevoir une lettre de moi, car j'ai besoin de vous en écrire une, et pour moi chaque événement grave de ma vie se passe en son temps ; cette lettre, qui me place en communion d'affection avec vous et Bazard, est solennelle pour moi, j'ai donc la ferme confiance qu'elle vous sera douce à recevoir. Jusqu'au jour où vous désirerez qu'il en soit autrement, j'aurai avec vous des relations semblables à celle de ce jour ; l'intermédiaire d'Aglaé vous est, je pense, agréable : donnez-moi, je vous prie, par elle, des nouvelles de Bazard.

» ENFANTIN. »

Pour quelques-uns des dissidents, comme pour Bazard lui-même, ces témoignages de communauté d'affection n'étaient, de la part d'Enfantin, que des signes hypocrites et des actes de profonde dissimulation ; on l'a vu par des lettres que nous avons citées plus haut. Ceux qui ont pu, comme nous, étudier mieux et plus longtemps le chef suprême

des saint-simoniens, ne peuvent que regretter que
tout ce qu'il y avait en lui de vraiment grand,
de sincèrement généreux et tendre, n'ait pas été
mieux compris par des intelligences d'élite. Oui,
Enfantin communiait en esprit, et sans hypocrisie
aucune, avec ceux-là même qui s'éloignaient de
lui avec aigreur ; oui, il les aimait pour Dieu, pour
Saint-Simon, pour eux-mêmes, alors même qu'ils
ne l'aimaient pas, et c'est par cet amour surtout
qu'il manifestait la supériorité qu'ils ne voulaient
plus lui reconnaître.

XXII

(1832)

(Juillet.)

Enfantin, dans son manifeste A TOUS, le 20 avril
1832, avait dit :

« Ce jour où je parle est grand depuis dix-huit
siècles dans le monde ; en ce jour est mort *le divin
libérateur des esclaves.*

» Pour en consacrer l'anniversaire, que notre
sainte retraite commence ; et que, du milieu de
nous, la dernière trace du *servage*, la DOMESTICITÉ
disparaisse. »

Sa parole fut religieusement mise en action à

Ménilmontant. Là, tous les services imposés aux domestiques devinrent la tâche journalière des disciples eux-mêmes, qui la remplirent également sans distinction de naissance, le fils du millionnaire comme le fils de l'ouvrier. Il en fut de même de tous les travaux manuels, à commencer par ceux de la construction du temple.

L'ouverture de ces derniers travaux eut lieu le 1er juillet. Cette cérémonie et les incidents qui la signalèrent et la suivirent, se trouvent relatés dans un récit imprimé dont nous allons extraire les principaux passages :

Cérémonie du dimanche, 1er juillet. — Ouverture des travaux du temple.

« A deux heures le pavillon est hissé sur la terrasse.

» Un instant après, la famille, réunie dans la grande cour, arrive dans le jardin sur le gazon, par l'allée des tilleuls. Barrault la conduit. En tête sont les chanteurs rangés par parties. Michel et Fournel ferment la marche.

» La famille occupe alors la partie élevée du gazon qu'un arc de cercle, indiqué dans le sol, sépare du reste du jardin. En avant est tracée une grande ellipse destinée aux fidèles et qu'il s'agit de disposer en amphithéâtre. Une petite ellipse est tracée dans la grande, tangentiellement à l'arc de cercle. Elle marque l'espace à creuser, afin de former la partie basse du parvis. Les outils de terrassement, bêches et pioches, sont disposés en faisceaux à droite et à gauche. Les brouettes sont rangées en éventail, tout autour de la petite ellipse.

» La famille est partagée en deux groupes placés aux deux extrémités de l'arc de cercle. Le chœur est à gauche en regardant la maison. Le reste de la famille se tient à droite. Entre deux se tiennent les trois directeurs du service, BARRAULT, FOURNEL, MICHEL.

» Les assistants se tiennent sur la partie intérieure du gazon. Ils sont séparés de la famille par un ruban tendu dans toute la largeur du jardin. Sur la gauche est un groupe considérable d'hommes venus de Paris et qui professent notre foi.

» MICHEL invite *Mercier* et *Desloges* à aller se placer chacun à côté d'un des faisceaux d'outils ; *Simon* et *Retouret*, aux deux extrémités du grand axe de la petite ellipse.

» MICHEL et FOURNEL , précédés de RIGAUD qu'accompagnent *Auguste* et *Pennekère* , vont chercher le PÈRE chez lui.

» Le PÈRE arrive presque aussitôt par le haut du

gazon. RIGAUD est en tête du cortége. *Auguste* et *Pennekère* marchent devant le PÈRE. FOURNEL et MICHEL le suivent. *Raymond Bonheure*, placé au sommet du gazon, annonce son approche par ces mots : Le PÈRE. Aussitôt la famille entonne le *salut*. Le PÈRE est nu-tête. Ses cheveux noirs, son visage brun, sa démarche imposante attirent les regards de tous. Sur sa poitrine est écrit : *Le Père*.

» Le soleil est étincelant.

SALUT

Salut, père, salut !
Salut et gloire à Dieu !

—

Le christ quittant les apôtres
Leur dit : veillez; ils ont dormi.
Vous nous avez dit : travaillez;
Vous voici; l'œuvre commence.

—

Le peuple a faim !   }
Le peuple est misérable. } bis.
Nous avons pris ses douleurs sur nos têtes ;
Nous serons forts et patients.
Les femmes sont outragées,   }
Que leur messie vienne!   } bis.
Il viendra! il viendra!

—

Père, par vous
L'homme nouveau

Paraît en nous ;
Nous portons l'habit nouveau
Qui dit à tous espoir, espoir !
Voici l'apôtre.

—

Salut, peuple, salut !
Peuple, salut ! espère en Dieu ;
Peuple, salut ! espère en nous ;
Peuple, salut ! espère en toi ;
Peuple, salut et gloire à Dieu !

» Après le chant, le PÈRE ordonne à BARRAULT d'aller vers les hommes venus de Paris. BARRAULT part suivi de *Rogé* et de *Tôché*. Il conduit les hommes de Paris près de la famille. Là ils chantent [1].

CHANT DE L'OUVERTURE DES TRAVAUX DU TEMPLE

LES OUVRIERS

Père, apôtres !
Vous commencez le nouveau temple,
Voici nos bras.

LA FAMILLE

Ils sont prêts.

LES OUVRIERS

Nous voulons travailler pour vous,
Tous vos jours sont pour le peuple ;

LA FAMILLE

Pour le peuple.

1. La musique de ce chant est l'œuvre de Félicien David, de même que celle de tous les chants qui suivent.

LES OUVRIERS

Nous vous offrons notre dimanche.

LA FAMILLE

Leur dimanche.

LES OUVRIERS

Ce jour est à vous, c'est le jour de Dieu.

TOUS

C'est le jour de Dieu !

LES APÔTRES

Peuple ! enfants !
Nous commençons le nouveau temple ;
Vous êtes prêts ;
Vous voulez travailler pour nous ;
Tous nos jours sont pour le peuple.
Nous acceptons votre dimanche,
C'est le jour du peuple,
C'est le jour de Dieu.

TOUS

C'est le jour du peuple !
C'est le jour de Dieu !

» Barrault conduit ensuite les hommes de Paris dans l'enceinte réservée à la famille. Ils se placent entre le groupe de droite et le groupe de gauche, et forment ainsi avec la famille un demi-cercle continu qui présente sa concavité à la foule des assistants.

» Barrault s'avance vers les assistants et il parle. Pendant qu'il dit, *David*, placé à côté, exécute, à des instants déterminés, des accords ou des accompagnements sur un forté-piano.

PAROLES DE BARRAULT

Entre mille autres bruits d'une société vieillie et bavardante,
    On dit que le monde
    Quelquefois demande
    Où sont les Saint-Simoniens?
    Morts? partis? le sait-on? d'ailleurs
    Qu'importe.....
Et ces bruits vont soudain se perdant sans réponse
    Entre mille autres bruits.

        Je répondrai.
        Voici le jour.
        Je parlerai!

Nos amis, LES BOURGEOIS, nous avaient dit : courage!
Le monde est troublé, las, triste, et ne sait que faire;
Vous seuls avez un plan; à vous seuls le succès!
Au bout de votre route est un but glorieux;
Déjà des courtisans flairent vos espérances;
Bientôt les gens de cœur seront sous vos drapeaux;
Votre triomphe est prêt! courage! encore un pas...
..... que le PEUPLE enfin commence à nous connaître.
Pour lui nous avions fait livres, journaux, discours;
Mais nous voulons par lui nous laisser voir nous-mêmes,
Et par lui nous laisser toucher nous-mêmes, NOUS!

S'il regarde le ciel, le PEUPLE le croit vide;
S'il regarde la terre, il fléchit sous son poids.
    Sait-il d'où viendra le souffle
    Qui relèvera son front?

Ah! l'espoir est en nous! nous saurons le lui rendre!

Le PEUPLE cependant, solide sur sa base,
Est ferme et patient; mais l'ardeur est en nous!
    Pour forger le nouveau monde
    Dieu mariera nos efforts;

L'apôtre est le marteau, mais le peuple est l'enclume.

Et qu'on ne cherche plus ce que nous avons fait!

Nous avons préparé cet accord qui commence.
Ce que nous avons fait, n'est-ce rien à vos yeux ?
Nous avons fait nos *mains* et nos COEURS pour le PEUPLE !
Nous avons aboli la domesticité ;
Et nous ne sommes plus ni *maîtres*, ni *valets*,
Ni *peuple*, ni *bourgeois ;* mais les HOMMES NOUVEAUX ;
LES FILS DU NOUVEAU CHRIST, LES APOTRES DE DIEU.

> Pourquoi répéter encore
> Que nous perdons la mémoire,
> D'une mission divine ?

Ah ! nous n'oublions rien et nous nous tenons prêts !
Pourrions-nous oublier ? PARIS, PARIS EST LÀ !

> ... Dès que le soleil rayonne ,

Paris avec ses toits, ses coupoles, ses tours,
Ses façades, ses arcs, ses flèches, ses vitraux ,

> S'éveille, s'anime, et darde
> En mille jets lumineux
> Tous les feux dont il se dore.

> Mais quand, par un jour splendide,

Paris s'est pavoisé de lueurs qui flamboient,
Souvent une moitié s'illumine, et tout noir,

> Le reste, tristement, dit

Que dans les mêmes murs sont la fête et le deuil

> Comme la lumière et l'ombre.

La nuit, lorsqu'un ciel pur berce des feux tranquilles,
Paris, à nos yeux, semble étinceler d'étoiles.
On dirait que le ciel, pour éclairer la ville,
Lui prête la moitié de ses flambeaux paisibles,
Et ce spectacle est doux à l'œil qui le contemple.

Tout se tait ; le repos gagne au loin et s'étend ;
Paris semble un géant qui murmure et s'endort.
Muets, nous écoutons, et, muets, nous pleurons.
Car dans sa grande voix qui monte jusqu'à nous,
Confuse, mugissante, immense, monotone,
Jusqu'à nous, chaque fois, nous entendons monter

> Les cris des misérables,
> Les plaintes des souffrants,

Les tristesses des mères,
Les navrements des filles,
Les pleurs des vieux parents,
Les sanglots des enfants,
Les râles des mourants,

Comme un flot triste et lent d'un océan de maux
Qui vient battre le bord, gronde et le bat toujours.
Enfin dans la journée auguste, grande, sainte,
Où le PÈRE et ses fils prirent l'habit d'apôtre,
          Paris en feu
          Courait aux armes,
          Sonnait ses cloches,
          Battait ses caisses,
          Les mains au sang :

DIEU consacra l'habit des apôtres nouveaux,
          Habit de paix et de courage,
          Habit de force et de douceur,
          Habit d'espoir et de misère,
          Habit de joie et de danger,
          Habit de travail et de fête,

     Par la voix du tonnerre et la voix du canon
          Que firent résonner ensemble
     L'orage de Paris et l'orage du ciel.

          Pourquoi répéter encore
          Que nous perdons la mémoire
          D'une mission divine ?
Ah ! nous n'oublions rien, et nous nous tenons prêts !
Pourrions-nous oublier ? PARIS, PARIS EST LA !

          (*Air animé dans l'intervalle.*)

          Mais au sein de la retraite
Nous essayons des chants qui remueront les cœurs;
Notre culte commence avec simplicité;

          C'est par le bras
          D'ouvriers sans salaire,

De travailleurs
Nous donnant leur dimanche,
De journaliers
Voulant une corvée,
D'un peuple bon
OFFRANT A DIEU SON OEUVRE;

C'est par nos mains
Qui maniaient la plume
Loin du soleil,
Et restaient toujours blanches
Sans remuer
Pics, hoyaux, pelles, bêches
Qu'en ce moment
POUR LES FÊTES DU PEUPLE

Nous bâtissons
De gazon et de terre
Les fondements
De notre nouveau temple...

» La parole de Barrault a été écoutée avec recueillement. Ce mélange de la parole et de la musique religieuse a beaucoup frappé l'auditoire.

» Après la parole de Barrault, la famille a fait entendre le chant suivant :

AU TRAVAIL !

Le soleil
Nous sourit,
Et le peuple
Est avec nous ;
Dieu bénit
Nos travaux.

Que l'on sache
En tous lieux

Qu'ici s'élève
Un autel
A la paix
Universelle.

Au travail !
Le soleil
Nous sourit,
Et le peuple
Est avec nous,
Commençons
Le nouveau temple.

Au travail !

» A ce mot *au travail*, tous les travailleurs quittent leurs habits; LAMBERT, *Rochette* et *Franconie* les recueillent et les rangent vers le haut du gazon.

» HOART, ancien élève de l'École polytechnique, ex-capitaine d'artillerie, directeur des travaux, fait l'appel des travailleurs un à un et les arme. Ils vont se ranger suivant l'arc de cercle qui limite l'enceinte de la famille. HOART est assisté de *Tourneux* et *Bertrand*. Les pelleteurs debout, la bêche à la main, forment la première ligne. Derrière eux sont les brouetteurs : les remblayeurs se tiennent sur deux rangs, à trois pas en arrière. La réserve est en arrière, à dix pas des brouetteurs.

» Chaque groupe actif est composé d'un nombre égal de membres de la famille et d'hommes de Paris.

» Les groupes qui vont ouvrir le travail sont composés comme il suit[1] :

PELLETEURS.	BROUETTEURS.	REMBLAYEURS.
DUVEYRIER,	RIBES,	D'EICHTHAL,
TALABOT,	AUGUSTE,	DESSESSARTS,
RIGAUD,	RETOURET,	MACHEREAU,
HOLSTEIN,	BROÉT,	DESLOGES.
OLLIVIER,	TERSON,	
ROUSSEAU,	MASSOL,	
MERCIER,	PENNEKÈRE,	LAMY,
DUGUET.	JUSTUS.	REYNAUD,
		POUPINEL,
		QUESNEL.
GRIFFON,	GALLÉ,	
MARTIN,	L'HOUMEAUX,	
LOROT,	BARESTE,	
LENOIR,	URBAIN,	
POUGET,	CAYOL,	
SURBLED,	DOYEN,	
MAILLARD,	BRUNET,	
CARRÉ.	BARRÉ.	

» A la réserve, sont placés LAMBERT, *Pellarin*, *Rochette*, *Franconie*, Voilquin, Bergier, Bazin, Reboul, Granger, Graugnard, Béranger[2], etc.

» HOART distribue les pelleteurs sur la petite ellipse où les divisions sont indiquées par des pi-

---

1. Dans chacune des trois listes qui suivent, la première moitié appartient à la famille. L'autre moitié se compose d'hommes de Paris.

2. Les noms inscrits ici en caractère ordinaire sont ceux des hommes de Paris.

quets. Les brouetteurs se placent vis-à-vis des pelleteurs, chacun à sa brouette.

» Tous étant ainsi à leur poste, entonnent le couplet suivant.

LES APOTRES AU TRAVAIL.

Air : de l'*Appel*.

Quand notre père nous appelle,
Et nous crie : « enfants, travaillons! »
Prenons la brouette et la pelle,
Serrons nos rangs, et commençons!
En nos chants que la gaîté brille
Nous travaillons en nous donnant la main [1].
L'humanité sera notre famille,
Et l'univers notre jardin !

GLOIRE A DIEU!

» Les pelleteurs remplissent les brouettes; les brouetteurs partent en file, précédés par les remblayeurs qui marchent deux à deux et suivis de quatre remblayeurs supplémentaires pris à la réserve. *Tourneux* les précède. *Bertrand* ferme la marche. Arrivés à la mine où ils doivent laisser les déblais, ils chantent en chœur :

Allons, bourgeois et prolétaires,
Le travail nous a fait égaux,
Ensemble remuant la terre
Montrons à tous l'homme nouveau!

---

1. Chaque pelleteur prend la main du brouetteur qui lui est adjoint.

Notre temple au toit de charmille
Doit recevoir un jour le genre humain
L'humanité sera notre famille
Et l'univers notre jardin !

GLOIRE A DIEU !

» Le travail continue ensuite jusqu'à cinq heures. Les brouetteurs viennent quatre par quatre se faire charger ; ils vont aux déblais par l'allée de gauche et reviennent par l'allée de droite, faisant ainsi le tour de la partie haute du gazon. TALABOT commande la réserve. BRUNEAU veille à ce que l'ordre soit observé aux portes et le long du ruban qui sépare la famille des assistants. Le temps est superbe ; le soleil est brûlant ; une foule considérable emplit le jardin et regarde avec un étonnement mêlé de respect ces jeunes hommes se livrant, tête nue, par un soleil ardent, à un rude travail, et se préparant ainsi par la fatigue à la vie d'apôtres. Le Père préside au travail pendant près d'une heure. Puis il rentre chez lui et se promène sur la terrasse, accompagné d'*Auguste* et de RIGAUD.

» A quatre heures et demie SIMON, *Rochette*, *Petit*, *Toché*, *Pellarin*, dressent une longue table au bas de l'arc de cercle contre la petite ellipse. Ils y placent le dîner des travailleurs, le pain coupé dans des corbeilles et un rôti qu'ils distribuent en tranches ; la salade emplit de grandes terrines. Huit

cruches contiennent une boisson faite de vin, d'eau-
de-vie et de beaucoup d'eau.

» A cinq heures, le cor annonce le dîner; les
travailleurs disposent les outils en faisceaux, rangent les brouettes autour de l'ellipse, et prennent
place sur le gazon. Ils s'asseyent au nombre de
soixante-douze. Ils forment un long cordon disposé
en courbe montante le long des bords du gazon.
Le service est fait par LAMBERT, SIMON, *Rochette*,
Petit, *Toché*, *Pellarin*, *Massol*, *Pouyat*. Avant
de dîner, tous debout chantent en chœur la prière
d'*avant le repas* :

Dieu par nos bras unis
Fertilise le monde,
Nos travaux sont bénis.
Dieu par les fruits de la terre féconde
Répare notre vigueur;
GLOIRE A DIEU : A VOUS, PÈRE, MERCI !

» En disant ces mots : *à vous, Père, merci*, tous
se tournent spontanément vers le PÈRE qui est
sur la terrasse.

» Pendant le dîner, le PÈRE arrive, tous se
lèvent à son approche; il les invite à s'asseoir. La
foule qui emplit le jardin s'élève, en cet instant, à
près de deux mille personnes, hommes, femmes et
enfants. Elle regarde silencieuse et attentive. Une
joie calme règne parmi les travailleurs.

» Le repas se termine par le chant d'*après le repas*.

> Au travail ! notre force est réparée
> Remplis d'une ardeur sacrée,
> Marchons ! marchons !
> Nous rendrons au monde
> Cette vigueur féconde
> Qu'il a mise en nos cœurs.
> Père, nous sommes prêts, marchons !

» Ils se mettent au travail.

» A sept heures et demie le travail cesse. Les travailleurs se rendent dans le bosquet au pied du kiosque, et chantent ensemble l'*Appel*.

» Ils se dispersent ensuite et se mêlent à la foule.

» A huit heures, le cor annonce la retraite. La foule s'écoule paisiblement. Elle paraît frappée du caractère de la cérémonie. Le maintien grave et assuré des membres de la famille qui, presque tous, sont de jeunes hommes ; ce *culte* qui consacre le travail du prolétaire ; ce simple costume et ces chants par lesquels nous préludons à l'art nouveau, à l'art pacificateur, à l'art qui sera, en la main de notre PÈRE, ce que fut le glaive dans celle de Mahomet ; tout cela semblait avoir laissé une trace profonde dans la mémoire et dans le cœur des hommes et des femmes qui nous avaient vus. Le nombre des personnes qui nous ont visités en ce jour s'est élevé à près de cinq mille.

» Le même jour où ces choses se passaient, à trois heures, M. Maigret, commissaire de police, muni d'une ordonnance de M. Rigal, juge d'instruction, et d'un ordre du préfet de police, s'est présenté accompagné d'un maréchal-des-logis de gendarmerie, à l'effet de dissoudre la réunion et même la famille.

» Arrivé devant le PÈRE, il lui a notifié l'ordre dont il était porteur.

» Le Père a dit : « Je désire que M. le com-» missaire veuille bien s'entendre avec MICHEL » CHEVALIER, chargé spécialement des affaires » d'ordre de la maison. » Et il est rentré dans son appartement.

» Alors a eu lieu entre M. le commissaire et MICHEL CHEVALIER la conversation suivante :

D. » Quel est votre nom, votre âge, votre profession, etc ?

R. » Michel Chevalier, âgé de vingt-six ans et demi, *apôtre*, ancien élève de l'École polytechnique, ex-ingénieur au corps royal des mines, exdirecteur du *Globe*, natif de Limoges (Haute-Vienne), domicilié à Ménilmontant, n° 69.

D. » Quelles sont les observations que vous êtes chargé de me faire par M. Enfantin.

R. » Nous sommes ici quarante apôtres que

notre Père a appelés à venir dans la retraite, et qui avons répondu aussitôt à son appel. Nous habitons cette maison. Pendant que la société qui nous entoure est livrée aux discussions et à l'anarchie, nous vivons pacifiquement dans notre retraite, nous livrant au travail et à la méditation, et préparant le culte qui doit convertir à notre foi les femmes et le peuple. Aujourd'hui, au milieu des chants de la famille, aidés d'hommes et de femmes qui nous aiment, nous avons commencé des travaux qui marqueront la place de notre premier temple ; la foule que vous vous voyez représente fidèlement le nombre des personnes qui nous visitent tous les dimanches, qui tous les dimanches viennent écouter nos chants et assister avec respect à notre simple repas.

» En vérité, nous ignorons ce que peut nous vouloir le gouvernement qui vous envoie ; nous sommes calmes et paisibles, nos sentiments pacifiques sont nos seules armes, et en nos mains ces armes sont efficaces : jugez-en par vous-mêmes : avant d'être convertis à la foi nouvelle, beaucoup d'entre nous, le plus grand nombre, étaient de cœur avec cette ardente jeunesse qui ces derniers jours s'est levée dans Paris avec une énergique haine. Aujourd'hui nul d'entre nous ne croit à la puissance de la haine. C'est parce que notre PÈRE

nous a ainsi donné une autre vie, que nous l'appe-
lons notre PÈRE ; c'est parce que la transformation est complète, que toutes les mesures prises par
le gouvernement contre nous nous trouveront toujours calmes, et que pour toute réponse à ses
vexations, il ne tirera de nous que des conseils propres à le dégager de sa situation difficile vis-à-vis
des partis, ainsi que nous l'avons déjà fait en plusieurs circonstances.

» Au surplus, ce que nous faisons ici est légitime, car chacun a le droit de professer et de pro-
pager sa foi lorsqu'il n'en résulte aucun dommage
pour la sécurité publique. Or tout atteste que
l'ordre le plus grand règne ici dans toutes les cérémonies de notre culte ; que tous nos actes tendent
à inspirer à ceux qui nous approchent les sentiments d'ordre et de paix qui doivent être la sauve-
garde de la société actuelle, et que le sentiment do-
minant parmi les assistants est un sentiment
d'étonnement et d'édification qu'inspirent naturellement de jeunes hommes ayant tous quitté une
fortune assez considérable ou une position sociale
élevée, pour se consacrer, à travers la misère et le
célibat, à travers des chances de toute nature, à
l'amélioration sociale.

. » Après tout, les membres de la famille ont leur

domicile dans cette maison, et dès lors toutes les dispositions des lois françaises, y compris l'art. 291 du Code pénal, les garantissent contre l'ordonnance de M. le juge d'instruction, qui leur enjoint de se dissoudre. Je le répète, quelques mesures que prenne l'autorité à notre égard, elle nous trouvera toujours calmes; mais dans l'intérêt de l'ordre, et vu le nombre assez considérable de personnes qui se trouvent maintenant dans le jardin, et qui dans deux heures d'ici en seront sorties naturellement et sans le moindre scandale, je vous prie, M. le commissaire, de surseoir jusqu'à demain à l'exécution des ordres que vous avez reçus : c'est notre PÈRE et nous que ces ordres concernent; demain vous nous trouverez aussi bien qu'aujourd'hui, et vous nous trouverez seuls. »

« Après cette réponse de MICHEL le commissaire s'est retiré.

» La semaine se passa ainsi. La famille travaillait avec activité au temple. Cependant il était probable que, pour le dimanche 8 juillet, de nouvelles démonstrations auraient lieu de la part de l'autorité; c'est pourquoi le PÈRE jugea convenable que MICHEL fît une démarche près du procureur du roi. En conséquence, MICHEL adressa à ce magistrat la lettre suivante :

*A M. le procureur du roi près le tribunal
de la Seine.*

Ménilmontant, le 7 juillet 1832.

« Monsieur,

» Il y a six mois une instruction a été commencée contre notre PÈRE et contre nous. Depuis
six mois, vous nous tenez sous le poids d'une qua-
druple accusation d'immoralité, d'escroquerie,
d'attentat à la propriété en général, de provocation
au renversement du gouvernement du roi. Dans
une société bien organisée, c'est-à-dire où les chefs
seraient les plus moraux, les plus savants, les plus
habiles, une seule de ces quatre accusations serait
un coup de foudre. En France, depuis longtemps
il n'en est plus de même, parce que depuis longtemps
la moralité des gouvernements, leur intelligence et
leur habileté y sont, à tort ou à raison, tombées en
discrédit, aux yeux même des petits enfants; le
blâme et l'éloge des gouvernants passent pour
fausse monnaie et n'ont plus cours. C'est un fait
affligeant; car une société gouvernée par des
hommes qu'elle n'aime ni ne respecte, est une société sans régulateur; c'est l'anarchie. Mais c'est
un fait, et, pour qu'il change, il y a bien des conditions à remplir de la part des gouvernants et de la
part des gouvernés.

» Si donc, dans les circonstances où est placé le gouvernement, les préventions par lui dirigées contre nous, sont peu de nature à nous nuire dans l'esprit des peuples, elles ont un autre inconvénient grave, tenant à ce que tout homme sur qui pèse une prévention quelconque est, par rapport aux gens de l'autorité, dans la position d'un ilote. C'est ainsi qu'il vous a paru tout simple d'expédier, mercredi dernier, dans la maison de notre PÈRE, que nous habitons au nombre de quarante, un commissaire de police, qui, disposant du logis, a chassé du jardin douze à quinze personnes qui s'y promenaient; qui, en se retirant, a laissé chez nous un espion de basse police, que nous avons dû éconduire; qui a posté à notre porte une brigade de gendarmerie, avec ordre de ne laisser entrer personne, c'est-à-dire qui nous a emprisonnés chez nous, et qui nous réserve ce procédé pour tous les mercredis et dimanches.

» Voilà, Monsieur, comment par suite de la prévention où vous nous tenez depuis six mois, vous avez été conduit à violer envers nous le droit commun, à faire de la propriété de notre PÈRE une sorte de fief banal à l'usage de tous les agents de l'autorité judiciaire. Or, remarquez que c'est vous qui nous poursuivez à raison de provocation au bouleversement de la propriété.

» Et cependant, il y a près de trois mois que l'instruction du procès, entamé le 22 janvier, est arrêtée. Comment voulez-vous qu'en ce siècle, où tout est méfiance vis-à-vis du pouvoir, on ne croie pas que votre procédure, datant du 22 janvier, est une ingénieuse fiction au moyen de laquelle l'autorité veut nous tenir indéfiniment bâillonnés, sans courir les chances d'un débat public?

» Vous voulez empêcher notre PÈRE de se livrer avec ses fils, dans son propre jardin, à des travaux de fondation, d'entrecouper ces exercices par des chants, et d'ouvrir pendant ce temps les portes de son jardin : c'est une prétention sans exemple. Sans doute ces travaux, mêlés de chant, sont pour nous d'une importance capitale, car ils constituent notre culte, notre prédication ; mais pour vous, agent d'une loi athée, pour vous, qui nous déniez le caractère religieux, ce ne peut être rien de plus que les travaux que Louis-Philippe, par exemple, faisait exécuter dans son jardin, il y a trois ans. Or, si cédant à son goût pour l'architecture (goût très-légitime et très-opportun, aujourd'hui que d'immense travaux publics sont à établir en France), si, dis-je, Louis-Philippe fût venu alors avec sa famille se mêler aux

travailleurs en présence de la foule, aux accords
d'une pompeuse musique, et qu'aussitôt MM. Mangin et Billot lui eussent fait défense de travailler et
de faire travailler ses fils aux yeux de tous, comment qualifieriez-vous maintenant cette prétention
des fonctionnaires de Charles X.

» Il est de votre intérêt, Monsieur, de prendre
franchement un parti. Ou vous vous sentez puissance de nous convaincre d'escroquerie, d'immoralité, etc....., et alors, armez-vous de votre sévé-
rité solennelle, et traduisez-nous vite en cour
d'assises ; ou les documents que vous recueillez depuis six mois vous ont démontré l'impossibilité de
soutenir sérieusement la prévention que vous avez
soulevée, et alors laissez-nous pratiquer en paix
notre foi. Le pouvoir n'a rien à gagner à troubler
sans cesse les méditations et les travaux d'hommes
calmes et patients dont la résolution est bien prise.
Un gouvernement qui veut l'ordre ne peut que se
compromettre à harceler perpétuellement ceux qui
prêchent l'ordre et la paix, [qui ne connaissent
d'autres armes que la persuasion, la démonstration
et l'exemple, qui recommandent le travail et le
consacrent par leur culte.

» Puisque vous avez entamé une procédure,
hâtez le jugement. Nous, qui avons la prétention

de juger tous, nous ne trouverons pas mauvais qu'on veuille nous juger. Mais évitez de compliquer une ancienne affaire par de nouveaux incidents. L'ouverture de notre porte, le dimanche et le mercredi de midi à huit heures, n'a aucun inconvénient pour l'ordre ; nous continuerons donc à l'ouvrir aux mêmes jours et aux mêmes heures, en attendant qu'elle soit toujours ouverte. Demandez-vous, Monsieur, à quoi servirait d'effrayer les promeneurs, qui tous les dimanches affluent à Ménilmontant, par l'inutile développement d'un appareil militaire. MICHEL CHEVALIER. »

« Cependant le dimanche 8 juillet, au moment où la famille rangée en ordre dans la grande cour, se disposait à se livrer, avec l'aide des hommes de Paris, aux mêmes travaux que le précédent dimanche, avec les mêmes chants et les mêmes pratiques, M. le commissaise de police arriva avec une ordonnance de M. le juge d'instruction Barbou, dont il remit copie certifiée conforme à *Michel*, en présence du PÈRE. Cette ordonnance portait qu'il *serait établi dans la maison de notre* PÈRE *un gardien qui veillerait à ce qu'aucune réunion publique n'eût lieu, et qui serait autorisé à requérir la force publique au cas où il y aurait réunion de plus de vingt personnes étrangères*. Le commis-

saire était suivi de son secrétaire, du brigadier de
gendarmerie de Belleville et de l'homme qu'il
avait choisi pour gardien.

» *Michel Chevalier* déclara s'opposer formellement à l'exécution de l'ordonnance. Le commissaire se retira avec tous les hommes qu'il avait
amenés, et reparut à quatre heures avec cent
hommes du 1er régiment de ligne.

» *Barrault* et *Michel* étaient à la porte. Lorsque le commissaire se présenta, *Michel* lui dit à
haute voix :

« Monsieur le commissaire,

» Vous avez des baïonnettes; nous n'en avons
pas et nous n'en voulons pas avoir, car il n'y a
dans la maison de notre PÈRE que des apôtres de la
paix et du travail. Vous entrerez donc, mais uni-
quement parce que vous avez des baïonnettes. »

« Le commissaire est ensuite entré avec les soldats, il a trouvé le jardin rempli d'une foule d'hommes et de femmes occupés à contempler les travaux
de la famille. Il les a fait sortir.

» Pendant ce temps le travail continuait avec le
même ordre et le même calme.

» A partir de ce jour, selon la parole adressée
par le PÈRE au commissaire de police, les portes du
jardin furent ouvertes tous les jours, et tous les jours

des soldats envoyés par le commissaire de police,
d'après les ordres du procureur du roi, intercep-
tèrent les communications entre nous et l'extérieur.

» Bientôt la consigne donnée aux soldats fut exé-
cutée avec une rigueur extrême, et il nous fut impossible de communiquer avec nos parents les plus
proches et nos amis les plus chers. La liberté de
nos plus simples relations était soumise à la volonté
d'un ex-trompette, délégué habituel du commissaire de police. Bien plus, au bout de quelque
temps pour faciliter la surveillance des soldats,
M. Desmortiers imagina de faire apposer les scellés
sur trois portes de notre jardin, et M. Barbou,
juge d'instruction, lança une ordonnance pour cet
objet. Nous eûmes aussi à subir une visite domi-
ciliaire, à l'effet de constater le nombre de chambres et le nombre de lits, et de les comparer au
nombre des personnes qui disaient demeurer dans
la maison. M. Maigret vérifia qu'il y avait dans la
maison 17 lits et 25 hamacs répartis dans 23 chambres. »

Au milieu de toutes ces tribulations, Enfantin,
inébranlable dans ses résolutions apostoliques, écrivit à Fournel :

« Cher fils,

» Tu es destiné à donner un double exemple de

dévoûment ; le premier est accompli. Pour venir avec nous, tu as quitté tous les liens que tu avais formé dans le vieux monde et qui faisaient ton bonheur ; époux et père, tu t'es soumis au célibat, et tu as comblé le vide que laissaient dans ton âme les joies d'intimité que tu abandonnais, par la part large que tu prenais à nos travaux de prolétaire. Gloire à toi pour ce volontaire veuvage ! un autre est nécessaire, je te le demande ; il faut que tu nous quittes !

» Placé entre les deux mondes, apôtre de l'affranchissement des femmes, et lié par l'ancien monde à une femme que tu veux aimer en égale, il faut que tu te places sur la limite qui nous sépare de l'humanité et que tu la conduises sur les marches du temple nouveau où notre voix l'appelle. Ton savoir et ta laborieuse énergie, ta bonté, et par-dessus tout ton imperturbable loyauté, voilà les bases de ma foi pour la mission que je te confie.

» A ceux qui nous accusent de vouloir tout bouleverser et détruire, la propriété, la famille et l'État, tu pourras dire ce que sont devenus en nos mains tes biens, ta famille et tes passions politiques ; à ceux qui parlent d'*immoralité*, tu peux montrer ta vie entière ; d'*ignorance*, encore ta vie entière ; et si quelques-uns pensent que les apôtres du travail pratiquent l'*oisiveté*, ingénieur et prolétaire, tu peux leur offrir le combat singulier dans les champs de la science et dans ceux de l'industrie.

» Mais c'est plus encore vers ceux qui déjà nous aiment que je t'envoie, c'est à leur amour que je te recommande; tu seras l'anneau qui rattachera nos fidèles à nous. L'École polytechnique est notre mère commune : elle est la source la plus précieuse où notre famille nouvelle, germe de l'humanité future, a puisé la vie; or, le prolétaire et le savant aiment et respectent cette chère et glorieuse école. Ceux qui viendront à nous verront avec joie un de ses enfants à leur tête.

» Cher fils, tu sais que nous agissons aujourd'hui plus que nous n'écrivons, et pourtant j'ai voulu que ma parole reçût la sanction de l'écriture, afin que tu pusses la répandre, et pour qu'elle demeurât éternellement comme témoignage de l'amour du PÈRE pour l'apôtre qu'il place sur le seuil du temple.

» Je te confie la direction de toutes les forces qui se dirigent vers nous, de tous les hommes qui nous approchent. Pour cette œuvre, je te recommande spécialement Lemonnier. La foi de ce cher fils est inébranlable; toujours prêt au travail, tu pourras compter sur l'exécution prompte et fidèle de tous les ordres que tu lui donneras.

» Faites-nous aimer, et pour cela faites-vous aimer, c'est la volonté de DIEU et du PÈRE.

» ENFANTIN. »

Fournel répondit :

« Père,

» Il me souvient du jour [1] où O. Rodrigues me disait en vous montrant : « Fournel, vous n'avez pas connu cet homme; Rodrigues disait vrai, je ne vous connaissais *pas encore*, et peu de jours après, au moment même où l'élève de Saint-Simon saluait en vous l'HOMME LE PLUS MORAL DE SON TEMPS, moi je vous reniais. C'est dans la retraite où, durant quatre mois, je vécus de méditations et de douloureux déchirements, que j'ai appris *qui vous étiez, d'où vous veniez, et où vous alliez;* je vous connus alors, et me jetant dans vos bras, je vous dis : « PÈRE, *disposez de* MOI. » C'est qu'en effet je me donnais à vous sans réserve, comme l'APÔTRE doit se donner au RÉDEMPTEUR du prolétaire et des femmes; je me donnais tout entier.

» Votre première parole fut une parole sévère,

1. 6 novembre 1831.

elle nous imposait le célibat, et malgré la position, *unique* peut-être entre celle de tous vos fils, dans laquelle je me trouvais, j'ai marché sans hésiter, sans regarder derrière moi ; les yeux fixés sur vous, je n'ai entendu qu'une voix, celle qui me commandait un sacrifice pour le salut du prolétaire et des femmes.

» PÈRE,

» Votre parole nouvelle et inattendue m'annonce que le temps du veuvage est fini pour moi, et vous m'en commandez un autre : vous voulez que je m'éloigne de vous, qui êtes mon chef, de mes frères, que j'aime comme des frères d'armes, de mes fils que je me complaisais à voir grandir pour la gloire de l'apostolat, de vous tous à qui je suis si tendrement uni ; PÈRE, vous serez obéi, et au milieu de la douleur que me cause cette séparation, douleur si peu connue en dehors de nous, PÈRE, je vous rends grâces.

» Je proclamerai votre nom parmi nos frères de l'École polytechnique, et je leur apprendrai la gloire de l'obéissance ; j'irai tendre la main au pauvre peuple, aux pauvres femmes, à cette foule souffrante et découragée qui rêve vaguement un sort meilleur, et qui *se résigne* à ses souffrances parce qu'elle ne sait pas encore que vous avez la puissance de les calmer ; je la conduirai vers vous, et elle vous bénira. Mais là ne se borne pas mon œuvre ; j'aurai à demander au monde notre pain, le pain des apôtres, car les apôtres ont tout donné pour répandre la parole de l'affranchissement ; j'apprendrai à ce monde qu'en moins de dix-huit mois, à travers des obstacles sans nombre, près d'un million a été consacré par nous à *donner* par milliers les feuilles du *Globe*, par milliers les livres où sont déposés tous les germes de l'organisation puissante dont vous dotez l'humanité. Je sens, PÈRE, qu'il m'appartenait, à moi, qui ai consacré mon privilége de naissance, *ma fortune*, à l'accomplissement de notre œuvre, d'être auprès du monde celui que vous envoyez pour *compter* avec lui.

» A moi donc les soins et les ennuis du règlement de nos affaires *passées ;* à moi de combler le vide que votre sublime *imprévoyance* a laissé derrière nous, à moi aussi de pourvoir à notre *avenir*, tâche que vous m'avez rendue facile en imposant à vos fils les rudes travaux du *prolétaire*, et en les initiant aujourd'hui, par votre religieuse *prévoyance*, à la vie sobre et patiente du SALARIÉ.

» PÈRE !

» Le jour est proche où vous allez comparaître

devant ceux qui prétendent vous juger ; le jour est proche aussi où la méfiance du monde sera vaincue par notre loyauté, où sa résistance fléchira devant notre courageuse persévérance, où les voix qui essayent de nous flétrir seront réduites au silence. Depuis assez longtemps des chants de funérailles et des cris de naufrage bruissent autour de nous ; le jour est proche où nous ferons entendre à tous des chants de vie et des hymnes de salut. PÈRE, je travaillerai de toute la puissance de mes facultés à hâter l'heure du triomphe ; animé par votre amour, secondé par votre cher fils Lemonnier, je me montrerai digne des paroles bienveillantes que vous m'adressez, digne de la grande œuvre que vous me confiez.

» PÈRE,

» Encore une fois, je vous rends grâces.

» Votre fils, Henri Fournel. »

Fournel avait été l'un des dissidents que M. T., de Belgique, avait rencontrés, autour de Bazard, et dont les récriminations avaient exercé sur lui une trop vive influence, quand il préparait l'épître quasi-brutale dont nous avons reproduit un extrait (6ᵉ volume). Fournel, alors, selon la déclaration qu'il en fait ici, ne connaissait pas encore Enfantin ; maintenant, il le connaissait bien, et nul ne démentait

plus énergiquement que lui les appréciations super-
ficielles et le langage passionné de ceux qui se
méprenaient sur le chef suprême des saint-simoniens; jusqu'à s'abandonner envers lui à l'esprit
de révolte et de dénigrement, en croyant faire
preuve seulement d'indépendance.

Bazard était toujours malade, et la mort qui allait
l'enlever prématurément à sa famille, à ses amis, à
la grande œuvre de la rénovation intellectuelle et
sociale, la mort devait, avant de l'atteindre, visiter
Ménilmontant et y frapper l'un des plus anciens et
des plus fermes disciples d'Enfantin. — Le 16
juillet, Edmond Talabot, qui traversait en soldat
intrépide du travail pacifique les épreuves de cette
phase de l'apostolat saint-simonien que nous appel-
lerions volontiers l'époque *héroïque* de la religion
nouvelle, Edmond Talabot fut saisi d'une indis-
position qui présentait tous les caractères cholé-
riques.

« Le lundi, 16 juillet, disent les annales offi-
cielles de Ménilmontant, à 9 heures du soir, toute
la famille était réunie près du PÈRE, dans la
galerie.

» Le PÈRE entretenait la famille de la résolution
qu'avaient prise, d'après ses conseils paternels, Bouffard et Lemonnier, de remplir une mission dans

le monde, extérieurement au corps apostolique proprement dit, dans l'intérêt de l'apostolat ; lorsque
Tourneux, fils de prédilection de TALABOT, qui,
avec *Pellarin*, était demeuré pendant le jour auprès de lui, entra précipitamment appelant le
PÈRE, et disant que TALABOT était atteint du
choléra.

» Et en effet, TALABOT, qui pendant toute la
journée avait éprouvé de fortes coliques, était subi-
tement saisi de crampes affreuses. Il présentait les
symptômes les plus caractérisés du mal qui venait
de reparaître dans Paris. Le PÈRE revint aussitôt ;
il envoya près de lui SIMON et RIGAUD qui, l'un et
l'autre, ont pratiqué la médecine, et il dépêcha
Broët chez son médecin Jallat. Quelques moments
après, *Tourneux* partit, et se rendit chez M. Léon
Talabot, frère aîné d'Edmond, qui lui-même avait
été l'un des compagnons d'études du PÈRE à
l'École polytechnique, et qui, depuis lors, lui avait
voué une constante amitié.

» Les plus grands soins furent prodigués à TALA-
BOT, plusieurs médecins étaient auprès de lui : SI-
MON, RIGAUD, *Pellarin*, qui était chirurgien de la
marine, à Brest, et dont TALABOT avait achevé la
conversion commencée par Rousseau de Keremma ;
Jallat qui arriva à dix heures, et plus tard M. le

docteur Cruveillier, professeur à la Faculté de médecine de Paris, lié dès l'enfance à la famille Talabot. Pendant trois heures les douleurs furent
atroces; cependant, un peu avant minuit, après
des frictions, la chaleur revint à la peau, les douleurs diminuèrent; la famille eut quelque espoir.
Quelques-uns de ceux qui étaient restés allèrent
prendre un instant de repos; M. Léon Talabot et
M. Cruveillier arrivèrent à minuit.

» Pendant tout ce temps, TALABOT avait été
calme et silencieux; seulement la douleur lui arra-
chait, d'un instant à l'autre, quelques brèves excla-
mations.

» Mais le soulagement qu'on avait remarqué n'é-
tait qu'une fausse apparence. La crise avait eu
lieu, et elle était sans retour. Vers deux heures du
matin, SIMON fit prévenir le PÈRE et les directeurs du service que c'en était fait, et que l'instant
de la mort approchait.

» Lorsque le PÈRE arriva, il jugea que la musique adoucirait les souffrances de TALABOT: aussitôt *David, Justus,* DUVEYRIER et *Rogé* se levè-
rent et vinrent se placer dans le salon qui est voisin
de la chambre qu'il occupait. *David* exécuta sur le
piano les airs que chante la famille, et improvisa
des accords, les uns tristes et plaintifs, les autres

doux et pleins d'espoir. Avec *Justus*, Duveyrier, *Machereau* et *Rogé*, *David* chanta la *Prière du matin* ; *Justus*, *Machereau*, *David*, dirent un nocturne composé par *David*.

» Ensuite *Justus* répéta un air des montagnes du Limousin, qui est le pays natal de Talabot, air que Talabot aimait beaucoup.

» Pendant ce temps, Talabot avait paru s'endormir, et il était mort entre les bras de *Duguet*.

» Il était trois heures et demie. Le jour naissait.

» Quelques instants auparavant, son frère Léon s'étant approché de lui, Talabot lui dit d'une voix éteinte :

« Quand on vit avec des cœurs comme ceux-là,
» on sait ce que c'est que la vie : tu es digne d'eux ;
» je te recommande à leur amour. »

» Puis montrant le PÈRE :

« Écoute, frère, cette voix qui n'a pas encore son
» écho dans le monde ! »

» Aussitôt que les médecins eurent reconnu la mort, Michel, par ordre du PÈRE, fit lever toute la famille et la conduisit sur la terrasse, où elle chanta la *Prière du matin*.

» Talabot fut placé sur un lit de parade, et à deux heures une grande partie de la population de

Belleville, avertie du douloureux événement, vint avec recueillement défiler devant le corps. Les femmes surtout témoignaient un profond attendrissement. Plusieurs d'entre elles s'agenouillaient devant le lit de parade, comme si elles eussent été dans un temple chrétien.

» De sept heures à huit heures la foule ne cessa pas d'emplir avec ordre la galerie, entrant par un des perrons de la maison et sortant par l'autre.

» Le PÈRE vint le soir à sept heures et demie dans la galerie, accompagné de HOLSTEIN, *Duguet, Auguste* et *Broët;* il y resta jusqu'à huit heures, se promenant à pas interrompus.

» Ce jour-là, comme tous les autres jours depuis le 1er juillet, l'autorité faisait garder notre porte par un détachement de soldats, afin d'empêcher les réceptions que le PÈRE avait ordonnées; mais, par un mouvement spontané, le commissaire de police et les soldats laissèrent tomber leur consigne, et le soir, quand fut sonnée l'heure de la retraite, les soldats demandèrent à défiler devant le corps; ce qui leur fut accordé.

» Pendant la nuit, HOART, OLLIVIER, BRUNEAU, *Machereau, Pennekère, Rogé,* veillèrent deux à deux près du corps.

» Le lendemain, à six heures du matin, après que

les mouleurs de M. Bra, sculpteur, eurent pris l'empreinte du visage, les ouvriers de M. Léon Talabot scellèrent le corps dans un cercueil de plomb.

» Le cercueil fut ensuite placé à la porte extérieure de la galerie, recouvert d'une large mousseline blanche, sur laquelle on avait étendu le pavillon portant ces mots en lettres rouges écrits sur la bande blanche : TALABOT, APÔTRE. Sur le pavillon était étendu le gilet apostolique. La ceinture, la toque et l'habit étaient auprès sur des coussins.

» Deux membres de la famille se tenaient à droite et à gauche du cercueil. Une foule nombreuse remplissait le jardin.

» A quatre heures, la famille réunie dans la grande cour vint vers le cercueil en ordre de chant, le PÈRE en tête. Le cercueil fut transporté dans le temple et déposé sur une estrade préparée en avant.

» Sur le temple le chœur dit le chant de mort.

» MICHEL fit l'appel des membres de la famille et les disposa dans l'ordre suivant :

» En tête, pour porter le cercueil jusqu'au char placé à la porte et pour l'escorter ensuite,

RIGAUD, *Duguet*, SIMON, *Machereau*,

» Et quatre hommes de Paris :

Bergier, Casimir, Martin, Pouget.

» Derrière le cercueil se tenaient Lambert, portant la ceinture; d'Eichthal, portant la toque.

» Ensuite venaient, deux à deux :

Ollivier et Holstein portant une bêche ;

Rousseau et *Ribes* portant une pioche.

» A trois pas de distance étaient les néophytes rangés trois par trois:

Massol, Franconie, Pellarin, en habits bruns ;
Urbain, Cayol, Bertrand, en habits bleus.

» A trois pas de distance étaient, deux par deux, formant deux files bien distinctes :

David,	*Justus,*
Mercier,	*Toché,*
Rochette,	*Petit,*
Broët,	*Retouret,*
Désessarts.	*Pouyat.*

Terson.

» Le cortége du PÈRE suivait. Il se composait de *Raymond* qui marchait seul, et de Michel et Bruneau, Barrault et Duveyrier.

» Ensuite s'avançaient les femmes, parmi lesquelles on distinguait Aglaé Saint-Hilaire, Cécile Fournel, Marie Talon, Caroline ; elles étaient escortées par deux rangs d'hommes de Paris.

» Le cortége, précédé par monsieur le commissaire de police de Belleville, par trois officiers de paix et vingt sergents de ville envoyés extraordinairement de la Préfecture de Police, s'avança silencieux au milieu d'une foule immense, en suivant la chaussée de Ménilmontant et le boulevard extérieur, jusqu'au cimetière du Père-Lachaise. Le cercueil fut transporté à bras du point où le char s'arrêta jusqu'à la fosse, par les mêmes hommes qui l'avaient apporté du temple sur le char. Dès que nous arrivâmes à la fosse, la famille se forma en deux groupes ; le chœur se plaça à droite du PÈRE, dans l'ordre du chant ; les non chanteurs se réunirent à gauche. Dès que le cercueil eut été descendu, le Père dit à BARRAULT qu'il dît à tous ce qu'était TALABOT ; alors BARRAULT, s'avançant sur le bord de la fosse, et se tournant vers le chœur, dit :

« Frères, saluons d'abord le PÈRE et le PEUPLE »

Le chœur chanta le *salut* :

» Ensuite BARRAULT, se tournant vers l'assemblée, dit :

« Oui, voici devant vous les APOTRES, l'un couché
» (*et il montre le cercueil*), les *autres* debout, TOUS
» vivants dans le sein immense de DIEU !

» Et maintenant sachez comment EDMOND TALABOT, apôtre de l'affranchissement du peuple et des femmes, était venu prendre place parmi nous ; comment il a sitôt quitté le rang qu'il y occupait pour continuer sa mission sous une nouvelle forme ; sachez-le, et gardez religieusement la mémoire de son NOM, de ses *œuvres*, de sa VIE. »

» — Barrault raconta ensuite cette vie, et comme il rappelait que Talabot, dans les premières années de sa jeunesse, s'était fait remarquer par une grande passion pour les femmes, quelques assistants, étrangers à la famille, se prirent à rire. « Pauvres femmes ! s'écria Barrault, je parle d'un homme qui vous rendait un culte, et l'on rit ! Ah ! sans doute, les temps sont passés où l'homme vous entourait d'un hommage chevaleresque, et les temps ne sont pas encore arrivés où il pourra, sans vous dégrader et sans se dégrader lui-même, témoigner de votre puissance. »

» — Le chœur dit le *Chant de mort.*

« Talabot avait annoncé, ajouta Barrault, que ce serait lui qui nous conduirait vers le peuple ! sa prophétie s'est réalisée. Voici devant le peuple les apôtres de l'affranchissement du peuple et des femmes, l'un couché, les autres debout, tous vivants dans le sein immense de DIEU, et pleins de courage et de calme ! »

» — Le chœur dit le *Chant de vie.*

» Ensuite OLLIVIER, ROUSSEAU, HOLSTEIN et *Ribes* s'apprêtent à recouvrir le cercueil.

» BARRAULT, prenant des mains D'OLLIVIER une bêche, et la montrant à l'assemblée, dit :

« Voici l'instrument qui va servir, entre les mains de ses frères, à recouvrir son cercueil ! et lui aussi avait manié tous les instruments du prolétaire, lorsque le PÈRE voulut nous initier aux travaux et aux fatigues du peuple ; sa main savait frapper, et son œil diriger le coup avec autant de sûreté que sa main et son œil avaient su attirer et choisir, alors qu'il conquérait chaque jour de nouveaux prosélytes à la foi de l'avenir. »

» Alors OLLIVIER et HOLSTEIN, *Ribes* et ROUSSEAU, reprenant les outils qu'ils avaient confiés à *Bertrand*, ont fait l'œuvre des fossoyeurs. Ils ont recouvert le cercueil et comblé la fosse [1].

» Et cet acte a été un autre symbole de la réhabilitation de tous les travaux.

» Ici a été terminée la cérémonie mortuaire, et la famille est revenue à Ménilmontant.

» Avant de se mettre en marche, elle a dit le chant du soir . »

Ce convoi funèbre, si étrange pour les Parisiens,

---

[1]. Talabot fut enterré au Père-Lachaise, à quelques pas et en face des tombes de Saint-Simon et d'Eugène Rodrigues.

n'eut pas seulement pour résultat de montrer au
peuple l'apostolat saint-simonien avec son costume, sa discipline et ses chants tout nouveaux ;
ce fut là, devant le cercueil d'un rêveur qui
s'appelait Talabot, qu'eut lieu la première rencontre des ingénieurs et des financiers destinés à
tenter le premier essai des voies ferrées dont le
Globe avait donné le plan général ; plan que
les hommes d'État, aussi bien que les hommes
d'affaires de cette époque, s'étaient crus obligés
de repousser avec dédain comme chimérique,
pour ne pas perdre leur titre d'esprits posi-
tifs et pratiques auquel ils tenaient par-dessus
tout.

« Le 18 juillet 1832, dit un témoin oculaire,
MM. Lamé et Clapeyron (anciens amis d'Enfantin),
Stéphane et Eugène Flachat, Émile Péreire enfin,
se trouvaient réunis dans le jardin de Ménilmontant, où ils étaient venus pour assister aux funérailles d'Edmond Talabot (le frère de Jules, de Léon et
de Paulin Talabot). Eugène Flachat avait connu
l'année précédente, à Saint-Pétersbourg, Lamé et
Clapeyron. Il le présenta à son frère Stéphane et à
Émile Péreire. A partir de ce moment, des rapports
stables, et de plus en plus intimes, s'établirent
entre ces personnes, toutes également préoccupées

des questions financières et industrielles, sur lesquelles, dans ces derniers temps, l'école saint-simonienne avait si instamment appelé l'attention publique.

» Au bout de quelques semaines, Lamé, Clapeyron, Stéphane et Eugène Flachat se réunissaient pour écrire leurs *vues politiques et pratiques sur les travaux publics*, et pour fonder en même temps une sorte de comité consultatif, destiné à diriger et à éclairer les entrepreneurs dans l'exécution de ces travaux.

» Bientôt après, le projet du chemin de fer de Paris à Saint-Germain, préparé par les mêmes ingénieurs, était déposé au Ministère des travaux publics, avec le concours de MM. Émile Péreire et Adolphe d'Eichthal. Or, toutes ces personnes, directement ou indirectement, se rattachaient au groupe saint-simonien, et leur entreprise était éclose au milieu du saint-simonisme [1]. »

1. L'auteur de cette note, bien placé pour être parfaitement renseigné, ajoute :

« Pour cette entreprise, Émile Péreire rechercha et obtint le concours d'un ami de sa famille, M. Adolphe d'Eichthal, un des chefs de la maison de banque Louis d'Eichthal et fils, et frère de Gustave d'Eichthal, l'apôtre saint-simonien. Au bout de quelques semaines, les études préparatoires étaient terminées, et les plans remis au conseil des ponts et chaussées. Cependant, malgré l'évidente utilité de l'entreprise et les chances si probables

La mort de Talabot ne précéda que de quelques jours celle de Bazard. La lettre récente d'Enfantin à Olinde Rodrigues faisait bien pressentir cet événement, ainsi que la solidarité d'affliction que le groupe apostolique de Ménilmontant croirait devoir témoigner sur la tombe d'un ancien chef de la doctrine qui mourait dans sa foi en Saint-Simon, tout en reniant Enfantin. Voici le récit des incidents qui se produisirent à cette occasion, tel qu'il fut rédigé à Ménilmontant.

« BAZARD est mort hier 29 juillet. L'inhumation a lieu ce soir à Courtry, à cinq heures du soir.

» BAZARD est un des anciens chefs de la famille : il est un des hommes auxquels la famille, et en elle l'humanité, doit le plus.

de succès, malgré la participation obtenue par les associés de deux puissantes maisons de banque, MM. de Rothschild frères, et Thurneyssen et Cie, il fallut encore trois ans pour vaincre la résistance de l'administration et l'indifférence ou la défiance du public. Enfin, en 1835, après que la question eut été traitée sous toutes ses formes, dans *le National* par Émile Péreire, dans *le Constitutionnel* par Stéphane Flachat, dans *le Journal du commerce* par Eugène Flachat, dans *les Débats* par Michel Chevalier, à son retour d'Amérique, le gouvernement, la chambre, l'opinion publique furent entraînés, et une loi du 9 juillet de cette même année accorda à M. Émile Péreire la concession du chemin de fer de Paris à Saint-Germain. Ainsi, dans cette croisade en faveur des grands travaux d'utilité publique, l'école saint-simonienne a eu la rare fortune de pouvoir, et cela presque immédiatement, faire succéder la pratique à la théorie. »

» Par ordre du PÈRE, nous irons à son convoi, le PÈRE sera à notre tête, nous partirons à pied à onze heures, les hommes et les femmes de Paris seront avec nous. »

(Extrait des ordres du jour. — Ordre du lundi 30 juillet.)

» L'on apprit le lundi matin à Ménilmontant la mort de BAZARD. Le PÈRE décida aussitôt qu'il irait à la tête de la famille assister à son convoi. La famille devait lui payer sa dette de reconnaissance pour ce qu'il avait fait, lui BAZARD, tant qu'il était resté à la tête de la doctrine avec notre PÈRE ; le départ fut indiqué pour onze heures du matin.

» Tous firent leurs préparatifs de voyage avec un empressement religieux, parce que tous comprirent la haute importance de l'acte qu'ils allaient accomplir. C'était en effet prouver à tous que les services réels du passé, que la large influence de BAZARD sur le développement des idées saint-simoniennes apparaissaient dans toute leur importance, dans un moment aussi solennel, et n'étaient point amoindris par le rôle de protestantisme dont BAZARD s'était acquitté avec une mâle énergie, depuis tantôt huit mois.

» A onze heures, toute la famille en grande tenue

fut réunie dans la cour, et de là elle se rendit au temple pour y attendre le PÈRE.

» MICHEL, précédé de *Rigaud*, d'*Holstein*, d'*Auguste* et de Charles *Pennekère*, alla chercher le PÈRE. Ces quatre derniers, en attendant le PÈRE, se couchèrent sur le gazon. Le PÈRE, en les voyant dans cette position, leur dit : « Ne sau-
» riez-vous attendre un moment ? je vous avais dit
» d'être patients. »

» Le PÈRE se rend aussitôt près de la famille. Il monta dans le temple par les degrés élevés au milieu de l'ellipse. Aussitôt qu'il fut arrivé, la famille se rangea en demi-cercle, et attendit avec respect la parole du PÈRE.

» Le PÈRE dit :

« Enfants!

» Hier je vous ai recommandé d'être calmes; nous
» avions à faire l'inauguration de notre temple en
» présence d'un public nombreux : c'était aussi
» pour vous préparer à notre course à travers le
» peuple de Paris, quand nous irons nous présenter
» à ceux qui veulent nous juger. Aujourd'hui vous
» avez besoin de calme et de dignité, car vous
» allez vous présenter au monde, et votre présence
» doit être partout un haut enseignement.

» BAZARD est mort hier; nous allons tous assister

» au convoi, et témoigner par là toute notre recon-
» naissance pour son œuvre dans le développement
» de la religion nouvelle. C'est pour nous une
» occasion de nous assimiler ces vertus qui ont
» fait toute sa force, son énergie, son opiniâtreté,
» son courage.

» — Puis, s'adressant à MICHEL :

« MICHEL, donne à Broët le mouchoir que je
» t'ai remis pour lui.

» *Broët*, dès ce jour je te relève de l'obligation
» d'aller réveiller *Justus* chaque matin. Je compte
» désormais sur toi.

» MICHEL, fais préparer la famille à se mettre en
» route. »

» — La famille se rend en rangs dans la cour,
et là *Cayol* distribue à chacun un morceau de pain
et un verre de vin.

» FOURNEL, qui doit accompagner *Cécile* et
Aglaé, tardant à arriver, la famille remonte dans la
petite salle à manger, et là d'EICHTHAL donne lecture de la proclamation qui fut affichée à Paris, il
y a deux ans, à pareille époque, le 29 juillet, proclamation signée BAZARD-ENFANTIN. Cette
proclamation caractérisait d'une manière nette et
précise la cause de la révolution, et les véritables
conséquences à en déduire pour le bonheur des

classes pauvres. C'était aussi le premier acte d'intervention directe du saint-simonisme dans les affaires du monde.

Justus : « Cette proclamation me frappe aujour-
» d'hui, et ce n'est que de ce moment que j'en
» sens toute la valeur. Il y a deux ans, quand je la
» lus sur les murs de Paris, je n'y compris rien, et
» je contribuai de tous mes efforts à la faire déchi-
» rer sur la place de l'Odéon. »

» — *Duguet* lit ensuite le jugement porté par BAZARD sur la révolution de juillet, morceau qui fut inséré dans l'*Organisateur* du 27 août 1830.

» Cette double lecture rappelle d'une manière plus précise la part de Bazard dans l'œuvre saint-simonienne, et le fait apprécier par ceux des membres de l'apostolat qui ne l'ont pas connu personnellement.

» Cette lecture s'achevait, quand BARRAULT entre et prononce quelques paroles.

» La famille descendit dans la cour, et HOART lui fit prendre les rangs qu'elle devait conserver dans la route. Les apôtres se placent trois par trois par rangs de taille ; les novices les derniers, suivis de quelques membres de la famille de Paris, Surbled, Morville, Mangin.

» *Corrèze*, capitaine du génie, membre de la Légion d'honneur, qui est venu de la province pour visiter notre PÈRE et ses fils, se joint à nous. Il reste pour veiller au départ des effets qui nous seront nécessaires dans la route; il doit accompagner dans une voiture *Cécile*, *Aglaé* et *Fournel* qui viennent d'arriver.

» Tous les membres de la famille emportent avec eux un certain nombre de nos publications, afin de les distribuer sur la route, de répandre ainsi la parole nouvelle, et d'aller au-devant ou de dissiper des préventions défavorables à la propagation rapide de la foi nouvelle. L'itinéraire tracé est celui-ci : Romainville, Bondy, Livry, Montfermeil, Courtry. La garde de la maison est confiée à *Lamy* et à *Graugnard*. *Huguet* et *Pin* devront, dans le cas où ils viendraient, les aider dans cette fonction, ils devront attendre notre retour. BRUNEAU, *Cayol*, *Desloges* sont chargés de pourvoir à tous les besoins de la famille pendant la route.

» D'EICHTHAL, aidé de *Bertrand*, néophyte, va placer sur la porte principale un avis.

» Peu de temps avant, MICHEL a adressé à M. Maigret, commissaire de police de Belleville, une lettre pour le Préfet de police, dans laquelle il prévient ce magistrat de l'absence momentanée

du PÈRE et de ses fils, et du motif de cette absence.

» A midi *Cayol* ouvre la grande porte : Rigaud,
Holstein, *Auguste* et *Pennekère* vont chercher le
PÈRE, qui se place en tête de la colonne, précédé par eux. Michel est à sa gauche, Barrault
à sa droite, Hoart est chargé avec *Bertrand*,
son aide de camp, de veiller à la marche de la
famille.

» Le PÈRE dit : « Enfants, marchons! »

» — Plusieurs personnes attendaient au dehors
la sortie de la famille. Son maintien grave, l'ordre
avec lequel elle s'avance, la figure calme du PÈRE
les frappe vivement. La famille poursuit sa route
dans le même ordre, elle marche la tête découverte
en traversant tous les villages, et partout se presse
sur ses pas une foule curieuse de voir les saint-
simoniens. Un spectacle aussi extraordinaire, cette
réunion d'hommes qui se groupe autour du PÈRE,
dont la figure calme et majestueuse attire à elle
toute l'attention, la régularité et la précision de la
marche en imposent à tous. Le sourire de l'étonnement ou de la curiosité satisfaite paraît sur quelques visages, mais en général le respect domine,
surtout chez ceux qui ont pu déjà voir la famille à
Ménilmontant. A Romainville seulement, cinq ou

six hommes de la classe pauvre qui ne connaissent
les saint-simoniens que sur les paroles de la mal-
veillance ou de l'ignorance, insultent la famille par
des paroles grossières. Pauvres hommes ! qui mécon-
naissent ainsi ceux qui ont tout donné, tout sacrifié
pour améliorer leur sort, et qui, dans ces insultes
mêmes, puisent une nouvelle force pour continuer
leur œuvre d'affranchissement du prolétaire.

» A une lieue de Bondy, un brigadier de gendarmerie, suivi de quatre autres gendarmes, accourt
à toute bride sur les pas de la famille et demande
à parler au chef. Le PÈRE lui demande ce qu'il
veut. — Avez-vous des passe-ports ? Avez-vous la
permission de voyager ainsi réunis ? au moins vous
n'êtes pas armés, comme on nous l'avait dit. Le
maire de Bondy s'oppose à ce que vous continuiez
votre route.

» Le ton du brigadier de gendarmerie s'adoucit
à mesure qu'il parle. La vue de la famille et la
présence du PÈRE changent ses dispositions qui
s'annonçaient comme peu favorables et peu respec-
tueuses. Le PÈRE lui répond qu'il se rend avec
ses enfants au convoi d'un des chefs de la religion
saint-simonienne ; que le préfet de police en est
prévenu, que dans tous les cas il est prêt à aller
donner des explications nécessaires au maire de

Bondy, mais qu'elles pourraient l'être également au maire de Livry, bourg qui n'est qu'à une portée de fusil. Le brigadier y consent, et la famille continue sa route, suivie par les cinq gendarmes de Bondy. Arrivés à Livry, MICHEL, suivi de BRUNEAU, se rend chez le maire, accompagné du brigadier, le reste de la famille poursuit sa marche, et va faire une halte dans un petit bois qui se trouve à gauche de la route de Livry à Montfermeil; là elle rompt les rangs. *Desloges* et *Cayol* s'étaient détachés pour aller acheter du pain et du vin qu'ils distribuent ensuite; quelques femmes et quelques hommes de Livry avaient suivi la famille, et lui adressent des questions sur ce que sont et ce que veulent les saint-simoniens, ils paraissent n'en avoir que des idées confuses; on leur donne les éclaircissements qu'ils demandent, et des brochures où sont exposées quelques-unes des idées fondamentales des croyances saint-simoniennes. Bientôt FOURNEL arrive avec *Aglaé* et *Cécile; Corrèze* est avec lui, *Jules Lechevalier* le suit à peu de distance, et engage le PÈRE à ne pas se présenter à Courtry, disant que la présence de la famille serait extrêmement pénible à Mme Bazard et aux siens. Le PÈRE lui fait comprendre quelle est la nature de sa démarche, qu'il accomplit en ce moment un devoir religieux et qu'il ne faut s'en abstenir à moins d'une déclaration précise, officielle de la part de Mme Bazard. *Jules*, après cette courte explication, continue sa route vers Courtry.

» Il y avait déjà une heure que durait l'absence de MICHEL et BRUNEAU, quand ils reviennent, suivis d'une foule assez considérable. Le maire de Livry, après de longs pourparlers, avait enfin consenti à laisser la famille continuer sa marche, il fut au reste très-honnête. En traversant Livry, MICHEL et BRUNEAU furent arrêtés par un colonel, vieux militaire de l'empire, qui les invita à venir se rafraîchir chez lui, au nom de la liberté méconnue dans leurs personnes. Ils acceptèrent et profitèrent de cette occasion pour causer, avec un homme instruit et dévoué, des projets et des espérances des saint-simoniens. Ils lui firent remettre quelques brochures.

» La famille continua sa route dans le même ordre qu'elle avait conservé jusqu'ici.

» Arrivée à un quart de lieue de Courtry, *Jules Lechevalier* vint au-devant d'elle, à toute bride, et dit au PÈRE que Claire et ceux qui l'environnaient s'opposaient de tout leur pouvoir à ce que le PÈRE et ses enfants assistassent au convoi; que, citoyens français, ils en invoqueraient tous les priviléges pour les en éloigner. Il y a six mois, ils auraient eu un autre titre à faire valoir, mais ils n'étaient plus que de simples bourgeois.

» Le PÈRE : « Est-ce le désir formel de Claire,
ou bien ton opinion particulière ? »

» *Jules :* « Je vous le répète, c'est le désir de
Claire; pour moi, je crois que votre place n'est
pas là. »

» Le PÈRE : « Enfants, retournons; je veux encore donner cette preuve de respect pour la liberté
de la femme. »

» Après quelques autres paroles échangées entre
le PÈRE et *Jules,* la famille rebroussa chemin.

» A minuit, la famille arrive à Ménilmontant.
Après avoir pris des rafraîchissements dans la galerie, les membres externes de la famille retournent à Paris. »

A la suite de cette rencontre d'Enfantin avec
Jules Lechevalier, il y eut entre eux un échange
de lettres qui seront publiées avec la correspondance. Nous croyons utile toutefois de citer ici un
paragraphe caractéristique de la réponse du maître
offensé à son ancien disciple.

« Je te l'ai dit, je suis allé hier avec ma famille
à Courtry, pour moi, pour ma famille et pour tout
ce qui vit hors de nous, pour tous ceux qui m'ont

abandonné, car ce n'est pas vers Bazard mort que j'allais. Ils sauront un jour ce que ma conduite d'hier renfermait de *religion*, c'est-à-dire d'inspiration conciliante, bienveillante, bonne pour ceux qui vivent ; mais je savais très-bien qu'ils ne pouvaient le sentir *aujourd'hui ;* je ne vis pas seulement, comme eux, au jour le jour, j'ai foi que tous comprendront un jour ma vie, même ceux qui la maudissent et la repoussent, et qu'ils la béniront dans ses imperfections, car je ne suis pas Dieu ni la vérité absolue. »

Mme Fournel, affligée de la pénible scène dont elle avait été témoin, et désireuse de porter à la famille Bazard l'expression affectueuse des sentiments de *tristesse* qu'elle avait éprouvés en cette circonstance, crut devoir s'adresser à Dugied pour savoir comment sa visite serait reçue par la veuve et par les enfants de l'homme qu'elle appelait toujours son père. « Mon cher Dugied, lui dit-elle, j'ai besoin de vous exprimer combien mon cœur est navré de tout ce qui s'est passé à l'occasion de la perte douloureuse que nous venons de faire, perte vivement sentie par tous et qu'en particulier vous saviez m'être si sensible !... Comment m'expliquer que des œurs affligés repoussent par la colère et la haine des témoignages d'amour et de respect ? Comment concevoir que des êtres bons, qui se croient *reli-gieux*, aient pu avoir l'irréligiosité de soupçonner la pensée de l'insulte et de l'outrage dans un acte dicté par le sentiment le plus profondément em-preint de ce qu'il y a de grand, d'élevé dans notre foi? Ah! Dugied, il est bien vrai, je me suis séparée du Père Bazard quand j'ai cessé de croire la doc-trine avec lui; mais le tendre attachement que je lui portais ne fut jamais altéré, et quelques duretés échappées à sa plume dans ces derniers temps ont affligé mon cœur sans ébranler l'affection qu'il ren-fermait pour lui; je suis la femme aux sentiments profonds, vous le savez; cesser d'aimer ce qui me fut cher m'est impossible, comme la durée l'est à l'inconstant. J'allais à vous, à Claire, à ces jeunes femmes que j'aime et qui souffrent, avec l'espoir d'unir ma douleur à la vôtre, j'y allais avec l'homme que vous repoussez, avec la religieuse famille qui l'entoure et à laquelle il n'enseignera jamais, en échange de votre constant anathème, que des sen-timents de bienveillance et d'amour...... Nous marchions tous émus à la vue du simple village qui vous renfermait, qui allait recevoir les restes de l'homme que nous venions pleurer et honorer avec vous... Arrêtez, nous dit-on, car ils vous haïssent, leurs cœurs remplis de fiel vous repoussent, arrêtez, car la menace est dans leurs yeux, sur leurs lèvres, votre riante pensée est travestie par eux en injure; encore une fois, ils vous haïssent; arrê-tez..... Dugied, je vous le dis, nous nous éloi-gnâmes navrés, mais c'était pour vous, pour tous ceux que renfermait la maison de douleur que vous habitez..... »

Cécile Fournel, invoquant ensuite les sentiments d'estime et d'affection qu'elle n'avait cessé de ma-nifester pour Bazard et pour tout ce qui lui était cher, terminait par cette prière : « Dugied, qu'un mot de vous me dise qu'on me verra sans peine, et ma faible santé, si altérée depuis ces nouvelles douleurs, ne me retiendra pas un instant. »

Dugied répondit :

« Votre lettre, ma chère Cécile, m'a profondé-ment affligé. Quoi! en êtes-vous déjà à ce point? et la pente sur laquelle vous vous êtes laissé entraîner est-elle tellement glissante que déjà vous ne voyiez, n'entendiez et ne sentiez plus rien?

» Il faut, en effet, que vous ayez fermé vos yeux et vos oreilles, pour ne point savoir le motif qui faisait agir Enfantin; il n'était pas besoin qu'il le dît à Lechevalier pour que nous le connussions tout entier. Et votre cœur où était-il, lorsque vous, Cé-cile, vous êtes venue visiter le cadavre encore chaud

du père Bazard, à la suite d'un homme qu'il regardait comme ayant souillé son œuvre?... »

La suite de cette lettre n'était que le développement de la répulsion persistante des dissidents à l'é-
gard d'Enfantin, et ne faisait que reproduire les
récriminations amères de la lettre de Bazard à
Rességuier. Dugied y ajouta ce post-scriptum :

« Est-il actuellement nécessaire que je vous dise
qu'il est peu convenable, vu l'état où vous êtes, que
vous fassiez ce voyage de Courtry? »

Enfantin avait dû, comme il en fit la remarque
expresse à Jules Lechevalier, prévoir l'attitude des
proches et des disciples de Bazard; il savait bien
qu'ils ne pouvaient pas, selon sa propre expression,
sentir encore ce qu'il y avait de *religion*, d'inspiration conciliante dans sa démarche, mais il croyait
à une réconciliation, à une communion future, et
il agissait conformément à cette espérance, sinon
pour en préparer une réalisation prochaine, du moins
pour en montrer le signe d'une manière éclatante,
et l'élever assez haut pour qu'il pût être aperçu de
loin, et reconnu plus tard par les générations à
venir.

XXIII

(1832)

(Août.)

Peu de jours après la mort de Bazard, Enfantin voyant approcher, selon son désir, l'heure d'une confrontation solennelle avec ses accusateurs et ses juges, écrivit, le 3 août, à son ancien ami de Lyon, Arlès.

« Il faudra que nos enfants de province, et ceux de Lyon surtout, profitent de la situation où nous mettra le procès, pour se placer en face du monde avec quelque chose de plus neuf à lui dire que ce qu'ils ont puisé jusqu'ici dans nos *ouvrages*, nous fournirons, je l'espère, un vigoureux aliment à leur ACTIVITÉ apostolique. — Dites à Cognat que j'ai été content de sa lettre à D'Eichthal, toutefois en lui recommandant le CALME, vertu SACERDOTALE, et même un peu de PATIENCE, vertu THÉOLOGIQUE qui lui manque encore..., »

Dans une lettre qui suivit de près (le 6 août) les quelques mots adressés à Arlès, et qui étaient destinés à un ancien rédacteur du *Producteur*, alors manufacturier dans les environs de Lyon, Enfantin abordait encore la question de son procès, et tâchait de rassurer le disciple sur les conséquences de ce grand débat, comme sur la situation nouvelle de la doctrine.

« Mon cher Decaen, disait-il, votre lettre me fait plaisir, car depuis assez longtemps nous n'avions pas reçu de vos nouvelles. Vous avez raison de compter sur de courtes lettres de moi; je suis plus que jamais occupé, notre initiation ou préparation apostolique est achevée ou presque achevée dans notre retraite. Nous sommes à peu près en état d'entrer dignement en campagne, et la campagne sera belle et laborieuse; c'est vous dire que la famille est belle et forte. On retarde notre procès en nous donnant pour intermède des accompagnements de police et de soldats; on fait bien, cela nous a donné le temps dont nous avions besoin; mais maintenant nous allons presser la conclusion, nous désirons voir messieurs les juges du monde et leur faire leur procès.

» Drut est un petit paresseux qui nous aime avec une négligence que l'apôtre seul peut excuser et comprendre; dites-lui, dans l'occasion, que je vous charge de lui faire mes amitiés.

» Vous êtes inquiet, cher enfant, de notre procès; et pourtant vous savez bien que nous avons là une scène plus vaste que jamais, grâce à la publicité

des actes de la justice. Or, que nous faut-il de plus?
n'êtes-vous pas sûr que le succès de l'apôtre est en
raison de la scène où il est placé? Soyez plein d'espoir et surtout ne mesurez pas notre vie avec le
mètre vulgaire, il ne s'agit pas de savoir si nous
serons *condamnés* ou *absous*, pour cela il faudrait
qu'on pût dire *raisonnablement* de nous que nous
sommes *accusés*; or ce serait tout au moins un
pléonasme; apôtre ou accusé sont synonymes pour
le monde; mais pour nous, vous savez bien que
nous sommes assez fous pour croire que Dieu nous
a donné mission de *juger* le monde; soyez rassuré
sur la manière dont nous nous en acquitterons.

» Adieu, cher fils, écrivez-moi pour que je sache
souvent l'état de votre cœur; vous savez qu'il m'est
doux d'apprendre comment je suis aimé, c'est ma
vie; rendez-la-moi, puisque vous sentez si bien
qu'autrefois c'est moi qui vous l'ai donnée.

» ENFANTIN. »

Pendant ce mois d'août, Enfantin eut, avec Michel Chevalier, Lambert et Léon Simon, des entre-
tiens réguliers sur les plus hautes questions de la
science dans ses rapports avec la religion. Ces en-
tretiens, écrits par les disciples et conservés par le
maître, seront compris dans les œuvres dont la publication doit suivre ce résumé historique.

A côté de ces colloques intimes sur la relation constante et nécessaire de l'idée religieuse avec les données scientifiques, Lambert, au sortir de ses conversations avec Enfantin, dictait à Tourneux des notes dans lesquelles il formulait, avec la concision et la clarté qui caractérisaient son argumentation, la pensée commune du maître et du disciple. La première de ces notes[1] est du 10 août 1832.

Voilà par quelles sortes d'études, de méditations, de travaux, les apôtres de Ménilmontant se préparaient à comparaître devant le monde bourgeois qu'ils avaient la prétention de juger *moralement,* quand il se disposait lui-même à les juger *légalement!*

C'était par une exploration transcendante, par une esquisse comparée des deux mondes de l'histoire et de la science, que les prévenus d'outrage à la morale publique préludaient à leur défense.

Le retraite n'était pas un vain mot pour Enfantin. Il vivait alors entièrement livré aux plus profondes méditations sur la physiologie de l'homme et sur celle de l'humanité, rattachant ensuite l'é-

---

1. Ces notes sont au nombre de quatre et se suivirent de près; la deuxième est du 11 août, la troisième du 13 et la quatrième du 15. Elles seront toutes publiées en entier.

tude des phénomènes individuels à une explication religieuse du phénomène universel.

Cependant, la solution des poursuites judiciaires approchait. Enfantin, Michel Chevalier, Barrault, Duveyrier et Olinde Rodrigues furent appelés à comparaître, le 27 août, devant la Cour d'assises de la Seine, sous les préventions suivantes :

ENFANTIN, OLINDE RODRIGUES, BARRAULT et MICHEL CHEVALIER; prévention du délit prévu par l'article 291 du code pénal, à raison des réunions de la salle Taitbout;

ENFANTIN et MICHEL CHEVALIER; même prévention à raison des réunions de Ménilmontant;

ENFANTIN; prévention d'outrage à la morale publique et aux bonnes mœurs, pour les deux discours des 19 et 21 novembre et le cinquième enseignement;

DUVEYRIER; même prévention pour l'article *De la femme* (*Globe* du 12 janvier);

MICHEL CHEVALIER; même prévention pour la publication dans le *Globe* du *cinquième enseignement*, et de l'article *De la femme*.

Au jour fixé, — « A sept heures et demie du matin, dit la narration officielle des saint-simoniens, la famille avait déjeuné, elle était en grande tenue dans la cour. Un assez grand nombre d'hommes et de femmes de Paris, qui nous aiment, étaient dans la cour du jardin.

» Michel a fait sonner le départ, et la famille s'est rangée dans l'ordre suivant :

Simon. Bruneau. Rigaud.

Ollivier.				Duguet.
Rousseau.				Machereau.
Auguste.				Ribes.
Desloges.				Pennekère.
Petit.		Holstein.		Retouret.
Tourneux.				Toché.
Terson.				Dessessart.
Rogé.	Duveyrier.	Michel.	Barrault.	Cayol.
Massol.				Urbain.
Justus.				Mercier.
Rochette.				Bonheur.
Pouyat.				David.

D'Eichthal. Lambert. Hoart.

» Aglaé Saint-Hilaire et Cécile Fournel se sont placées à droite et à gauche d'Holstein. Les hommes et les femmes de Paris, sous la conduite de Fournel et de Lemonnier, se sont rangés derrière la famille.

» Simon, Bruneau et Rigaud avaient sous le bras chacun un portefeuille.

» A sept heures trois quarts, Michel alla prévenir le Père que tout était prêt pour le départ. Le Père descendit : la famille à son approche chanta le *Salut*, et ensuite le premier couplet de l'*Appel*,. et nous nous mîmes en marche. Le PÈRE se plaça au milieu de la famille, entre DESLOGES et PENNE-KÈRE.

» Ce jour-là et pendant tout le procès, le PÈRE portait un habit semblable à ceux de la famille, mais de couleur plus claire. Sur sa poitrine étaient écrits comme de coutume, ces mots : LE PÈRE.

» Le temps était fort beau.

» Nous nous rendîmes au Palais de justice à pied, en suivant les rues de Ménilmontant, Saint-Maur, Fontaine-au-Roi, du Temple, Sainte-Avoie, Bar-du-Bec, des Coquilles, du Mouton, la place de Grève et le quai aux Fleurs.

» Une foule considérable était assemblée sur le passage du PÈRE et de la famille. Sur tout le chemin la foule était attentive ; les femmes surtout paraissaient animées d'une curiosité pressante, et pénétrées d'un vif intérêt. Nous fûmes accueillis sur tous les points par un silence attentif. Dans la rue Sainte-Avoie un homme ayant proféré quelques cris du haut d'une fenêtre, le plus grand nombre lui imposa silence, et il se tut.

» Pendant le voyage, tous les yeux cherchaient le PÈRE, son nom était dans toutes les bouches.

» Aux environs du Palais de justice, l'affluence

était immense, nous fûmes obligés, pour pénétrer jusqu'au Palais, de passer par la petite rue de la Juiverie.

» La famille entra au Palais dans le plus grand ordre ; les huissiers l'introduisirent dans la salle des témoins : il était neuf heures et demie.

» A onze heures l'huissier audiencier vint annoncer au PÈRE que la Cour était réunie avec les jurés dans la chambre du conseil, et que le président le priait de s'y rendre avec ses fils prévenus et leurs conseils. Le PÈRE se rendit donc dans la chambre du conseil accompagné d'AGLAÉ SAINT-HILAIRE et CÉCILE FOURNEL, de MICHEL, BARRAULT, DUVEYRIER, HOLSTEIN, LAMBERT, SIMON, BRUNEAU, HOART, D'EICHTHAL, RIGAUD ; *Olinde Rodrigues* s'y était rendu de son côté.

» Nous trouvâmes les jurés debout à côté d'une table ; les deux conseillers, MM. Huart et Sylvestre fils étaient assis, ainsi que M. Delapalme, avocat général ; M. Naudin, président, était debout.

» Le PÈRE, en entrant, s'assit sur un des fauteuils qui étaient près du Président.

» M. *Naudin* lui ayant dit de se lever, le PÈRE se leva et salua *Rodrigues* en disant : « Bonjour, Rodrigues. » *Rodrigues* salua le PÈRE. »

Le Président au PÈRE : Monsieur, quels sont vos défenseurs?

Le PÈRE : Nous n'avons pas de défenseurs.

Le Président : Quels sont vos conseils?

Le PÈRE: Mes conseils sont ces deux dames (montrant AGLAÉ SAINT-HILAIRE et CÉCILE FOURNEL) (*étonnement chez tous les assistants*), et je désire avoir près de moi l'un de mes fils, Holstein, mon ami d'enfance.

Le Président : Vous ne pouvez avoir pour conseils des personnes du sexe féminin, c'est impossible;..... mais..... ces dames n'ont qu'à rester près de vous si vous le voulez.

Le PÈRE : La cause intéresse spécialement les femmes, c'est surtout d'elles qu'il s'agit, je désire avoir des femmes pour conseils.

Le Président : C'est impossible....., c'est singulier. (*Brusquement.*) Huissiers, faites sortir ces dames, et conduisez-les là où se tiennent les témoins.

AGLAÉ au Président, en s'avançant vers lui : Monsieur, ne pourrions-nous obtenir de rester près du PÈRE ENFANTIN, non plus comme conseils, mais ainsi que vous sembliez nous autoriser tout à l'heure?

Le Président vivement : Faites sortir ces dames!

Le PÈRE : Je demande qu'il soit donné acte de votre refus.

Le Président : Ce sera exprimé au procès-verbal.

Le PÈRE : Je désire qu'il m'en soit formellement donné acte, parce que je veux que votre refus d'accepter des femmes pour conseils dans une affaire qui intéresse si vivement les femmes, reçoive une grande publicité.

Le Président : Ce sera écrit au procès-verbal.

M. *Sylvestre,* conseiller, *qui était assis tournant le dos au* PÈRE, *la tête appuyée sur la main droite, sans se retourner et d'un ton de mauvaise humeur :* « Il en sera fait mention au procès-verbal. »

Pendant ce temps M. l'Avocat général regarde le PÈRE et les apôtres, et sourit ironiquement.

Le Président : Huissiers, faites sortir ces dames.

Le PÈRE : Michel, mène ces dames dans la salle.

Michel conduit Aglaé et Cécile dans la salle, elles vont se placer derrière le siége réservé au PÈRE et à ses fils.

Le Président au PÈRE et à ses fils : Je vais tirer au sort les noms des douze jurés. Vous savez,

Messieurs, que vous avez un droit de récusation.

Le PÈRE : Nous ne récusons aucun de ces Messieurs en particulier.

Le Président procède au tirage ; les noms qui sortent sont les suivants :

MM. Grandjean, chirurgien oculiste, âgé de soixante-six ans, rue Saint-André-des-Arts, n° 61.

Riçois (Marie-Jacques-Emmanuel), courtier de commerce, âgé de quarante ans, quai de Béthune, n° 22.

Touche (Honoré-Jacques), pharmacien, âgé de trente-cinq ans, rue du faubourg Poissonnière, n° 20.

Albespeyres (Jean-Baptiste-Joseph), pharmacien, âgé de soixante-deux ans, rue du faubourg Saint-Denis, n° 84.

Millot aîné (Adolphe-Félix), papetier, âgé de trente-deux ans, rue Saint-Jacques, n° 34.

Lepage (Nicolas-François), orfèvre, âgé de trente-quatre ans, quai des Orfévres, n° 42.

Séjournée (Alexandre), pharmacien, âgé de quarante-deux ans, rue du faubourg Saint-Martin, n° 57.

Collignon (Joseph-Alexis), fabricant de châles, âgé de trente-sept ans, rue Neuve-Saint-Eustache, n° 23.

Bourdet (André-François-Sauveur), propriétaire, âgé de quarante-six ans, boulevard du Temple, n° 15.

Allard (Pierre-Jean-Henri), inspecteur des contributions directes, âgé de soixante-quatre ans, avenue du Bélair, n° 4.

Aubert (Victor), marchand de nouveautés, âgé de cinquante-quatre ans, rue Saint-Martin, n° 184 et 186.

Lenoir (Philippe-Balthasar-Marin), propriétaire, âgé de quarante-sept ans, rue de la Paix, n° 8.

« Après la désignation des jurés, le PÈRE et ceux de ses fils prévenus avec lui passent ainsi que leurs conseils aux bancs qui leur sont réservés dans l'intérieur de la salle. Les prévenus se placent en avant, et les conseils sur la deuxième banquette. La famille est rangée sur les extrémités de ces bancs et aux places des témoins. SIMON reste à la place habituelle des conseils. Les jurés vont pareillement occuper leurs siéges.

» La salle est entièrement pleine. Une foule d'avocats se pressent dans l'enceinte intérieure ; un grand nombre de dames sont aux places réservées. Derrière les siéges des conseillers se tiennent plusieurs des notabilités du barreau et de la magistrature, entre autres MM. Teste, Jollivet, Mérilhou, Tallandier, Debelleyme, députés. Tous les assistants regardent la famille avec une curiosité extrême ; ils semblent surtout observer la face calme du PÈRE, qui, debout à l'extrémité supérieure du banc des prévenus, promène ses regards sur l'assemblée. AGLAÉ et CÉCILE sont immédiatement derrière lui. A côté de lui est BARRAULT, que suivent MICHEL et DUVEYRIER. *Rodrigues* s'est placé après DUVEYRIER.

» La Cour entre presque immédiatement après nous. Le président engage tout le monde à s'asseoir. Voyant qu'une partie des assistants manquent de siéges, il dit : « Je recommande que personne ne soit debout ; ceux qui ne peuvent pas être assis doivent quitter la salle. — Que les membres du barreau soient assis ; que tout le monde soit assis. »

» Un peu de rumeur succède à ces paroles, mais le silence est bientôt rétabli. »

Le Président, s'adressant au PÈRE, lui dit : Prévenu Enfantin, quels sont vos noms et prénoms.

Le PÈRE, *qui est resté debout jusqu'alors, parcourant des yeux l'auditoire et le tribunal :* Barthélemy-Prosper Enfantin.

Le Président : Votre profession ?

Le PÈRE : Chef de la foi nouvelle.

Le Président : Votre demeure ?

Le PÈRE : Ménilmontant.

Le Président : Votre âge?

Le PÈRE : Trente-six ans.

Le Président : Le lieu de votre naissance?

Le PÈRE : Paris.

Le Président : Veuillez vous asseoir.

« MICHEL CHEVALIER déclare s'appeler Michel Chevalier, apôtre de la foi nouvelle, demeurant à Ménilmontant, âgé de vingt-six ans, né à Limoges.

» BARRAULT déclare s'appeler Pierre-Ange-Casimir-Émile Barrault, apôtre de la foi nouvelle, demeurant à Ménilmontant, âgé de trente-trois ans, né à l'Ile-de-France.

» DUVEYRIER déclare s'appeler Honoré-Constant-Charles Duveyrier, apôtre de la foi nouvelle, demeurant à Ménilmontant, âgé de vingt-neuf ans, né à Paris.

» *Olinde Rodrigues* déclare s'appeler Benjamin-Olinde Rodrigues, intéressé dans une maison d'agent de change, docteur ès-sciences de l'Académie de Paris, disciple de Saint-Simon. »

Le Président : D'après l'arrêt qui vous met en prévention, le sieur Olinde Rodrigues est le second des prévenus ; pourquoi est-il assis le cinquième ?

Olinde Rodrigues : Je n'ai à répondre que sur

un seul chef; dans l'intérêt de la défense de ces messieurs, j'ai cru devoir ne pas les séparer. A moins que la loi ne l'exige, je resterai où je suis.

Le Président : C'est impossible; cela porterait obstacle à la clarté des débats.

Olinde Rodrigues va s'asseoir à côté du PÈRE.

Le Président aux prévenus : Avez-vous des avocats ?

MICHEL CHEVALIER : Nous avons des conseils, et nous ferons nous-mêmes nos affaires.

DUVEYRIER : Nous n'avons pas d'avocats, nous avons des conseils. Nous les avons pris parmi nous, ce sont nos frères; les voilà ! (*Il* montre SIMON, LAMBERT, HOLSTEIN, HOART, BRUNEAU, d'EICHTHAL et RIGAUD.)

L. SIMON, assis au banc réservé aux avocats, se lève et dit : « Je demande que ceux de mes frères qui, comme moi, sont conseils, soient placés à mes côtés, afin que nous puissions nous entendre. Je demande surtout que mon frère LAMBERT soit à côté de moi. »

M. le Président engage LAMBERT à prendre place au banc des avocats.

Olinde Rodrigues : Je n'ai ni conseil ni avocat.

M. le Président invite les conseils à se conformer aux convenances de la justice, à s'exprimer avec modération, et à ne rien dire de contraire aux lois.

» Conformément à l'article 312 du code d'instruction criminelle, les jurés prêtent serment.

» Le greffier donne lecture des deux arrêts de renvoi relatifs à l'instruction générale et à celle concernant les réunions de Ménilmontant. »

Le Président : Vous venez d'entendre lecture de l'arrêt qui vous renvoie en état de prévention devant la Cour d'assises. Avez-vous fait assigner des témoins, en avez-vous donné la liste?

MICHEL CHEVALIER : J'ai fait assigner quarante témoins environ.

Le Président : Les témoins ne sont-ils assignés qu'à la requête du prévenu Chevalier.

MICHEL CHEVALIER : Comme tous les chefs de prévention pèsent sur moi, j'ai fait assigner les témoins dans l'intérêt de tous.

Le Président : Vous ne pouvez pas faire assigner des témoins dans l'intérêt de vos co-prévenus. Quels sont les faits pour lesquels vous les avez assignés ?

MICHEL CHEVALIER : Pour les faits mentionnés dans l'arrêt de renvoi.

Le Président : Mais ces faits ne sont pas contestés par les prévenus.

Michel Chevalier : Nous les contestons au moins en partie.

L. Simon : Aux termes de l'article 321 du code d'instruction criminelle, les prévenus ont droit de faire entendre des témoins sur les faits qui leur sont imputés, sur les faits mentionnés dans l'arrêt de renvoi, même lorsqu'il ne s'ensuit pas prévention, et sur leur moralité. Bien que nous ne soyons pas appelés ici pour nous expliquer sur le délit d'escroquerie, on s'est prévalu dans l'arrêt de renvoi de faits relatifs à ce chef de prévention ; tout ce qui est relatif au testament de Robinet, par exemple, est mentionné dans l'arrêt de renvoi. Nous avons droit de faire entendre des témoins sur ce testament.

Le *Président* : Je ne puis permettre l'audition de témoins que sur les faits pour lesquels vous êtes renvoyés devant la cour ; sans cela, on pourrait prolonger indéfiniment les débats. Si vous voulez faire entendre des témoins sur la moralité des prévenus, vous avez ce droit ; mais aucun débat ne peut s'engager concernant le testament Robinet.

Olinde Rodrigues : Puisque l'arrêt de renvoi fait mention du testament Robinet, pour éclairer la justice sur les circonstances du prétendu délit relatif à ce testament, il convient que des témoins viennent ici prouver que le fait est entièrement faux. Vous n'avez pas le droit de nous charger devant les jurés d'un délit dont le seul nom énoncé nous compromet à leurs yeux, et de nous défendre de faire entendre des témoins pour prouver la fausseté des assertions de l'accusation.

Le Président : Il a fallu donner lecture de l'arrêt de renvoi ; mais ici la discussion ne peut s'engager que sur les faits dont les jurés sont appelés à connaître.

Le PÈRE : Quelque rapidité que la cour veuille mettre dans les débats....

Le Président : On ne veut pas entraver la défense.

Le PÈRE : Le nombre des prévenus est de cinq ; on a entendu cent quarante témoins contre nous dans une instruction qui a duré sept mois ; il me semble qu'on peut entendre quarante témoins à décharge. Les charges pèsent sur la famille entière ; elles sont assez graves pour qu'il lui soit donné le temps et les moyens de se justifier.

Le Président : Prenez des conclusions formelles ; la cour statuera.

Olinde Rodrigues : Je ne me suis pas pourvu en cassation contre l'arrêt de renvoi, parce que j'éprouvais le besoin de détruire promptement l'accusation portée contre moi; le moment est arrivé, on ne peut pas me priver de ce droit. Vous répétez l'accusation, laissez-nous produire la défense.

Le Président : Huissier, faites retirer les témoins dans la salle qui leur est réservée.

MICHEL CHEVALIER : L'article 321 du code d'instruction criminelle est formel : cet article nous donne le droit de faire entendre les témoins sur tous les faits mentionnés dans l'acte d'accusation, et sur notre moralité. Dans ce cas-ci, la nécessité en est plus grande que dans les cas ordinaires, car nous sommes prévenus d'immoralité.

Des gens prévenus d'immoralité ont à justifier de leur moralité. La moralité se justifie autant par témoins que par paroles; on juge de la moralité par les actes, car nous vivons surtout dans un siècle où les hommes se jugent par leurs actes plus que par les discours; il faut donc que vous appreniez quels sont nos actes. Remarquez bien que ce n'est pas pour avoir fait partie d'une association de plus de vingt personnes que nous sommes poursuivis. L'association eût paru sans danger, on n'aurait rien dit, et cela est si vrai, qu'il n'y a pas un particulier notable de Paris qui ne tienne chez lui périodiquement une réunion de plus de vingt personnes, où l'on s'occupe d'objets religieux, politiques ou littéraires, sans que l'autorité y trouve à redire. Il y a donc lieu à ce que nous fassions entendre des témoins, qui disent notre...

Le Président : Vous traitez là un point de la défense elle-même; la cour ne peut vous entendre actuellement.

Le PÈRE : Il y a dans l'acte d'accusation des faits qui ont besoin de rectification. C'est ainsi, par exemple, qu'il est dit relativement à Robinet, que la plaignante était la femme de Robinet; or, Robinet était veuf.

M. *Delapalme*, avocat général : C'est une erreur de copiste. Il ne s'agit pas de la femme Robinet, mais de la mère.... Au reste, nous n'avons pas pour but de dire un mot, un seul mot sur les faits relatifs au testament, ni sur l'affaire d'argent.

Le PÈRE : Alors il ne fallait pas lire ce qui est relatif à ces faits dans l'arrêt de renvoi.

Michel Chevalier : Cette erreur prétendue de copiste s'est reproduite dans toutes les pièces de l'instruction.

Olinde Rodrigues : On nous accuse devant l'opinion publique; nous devons nous défendre devant elle.

M. le Président : Vous n'avez par le droit de

faire la police ici. Je l'ai déjà dit, qu'on fasse retirer les témoins.

(Les témoins se retirent dans la chambre qui leur est réservée.)

Le *Président* au PÈRE : Prévenu Enfantin, reconnaissez-vous en 1830, 1831 et 1832, avoir formé une association de plus de vingt personnes dans le but de vous occuper d'objets religieux, politiques et autres?

Le PÈRE, *sans se lever* : Oui, monsieur.

Le Président : Veuillez vous lever.

Le PÈRE, *se levant* : Je désirerais que l'on se servît du terme de *famille* et non de celui d'*association*; le premier rend mieux compte de ce que nous voulons, de ce que nous faisons.

Le Président : Vous expliquerez cela à votre défense. Je ne puis me servir que des termes de l'arrêt de renvoi. Vos co-prévenus le reconnaissent-ils?

Chevalier, Barrault et *Olinde Rodrigues :* Oui, monsieur.

Le Président : En 1832, avez-vous tenu des réunions à Ménilmontant après avoir reçu de l'autorité l'ordre de ne plus en tenir?

Le PÈRE : Oui, monsieur.

Le Président : A Ménilmontant, les réunions étaient-elles publiques?

Le PÈRE : Oui, monsieur, les réunions des dimanches étaient publiques rue Taitbout, comme elles l'ont été à Ménilmontant, jusqu'au moment où M. le procureur du roi a cru devoir nous faire entourer de troupes et faire mettre les scellés sur nos portes.

Le Président : Chevalier, reconnaissez-vous le même fait?

MICHEL CHEVALIER : Oui, monsieur.

Le Président, au PÈRE : Père Enfantin, êtes-vous l'auteur des discours prononcés en 1831, discours qui sont inculpés?

Le PÈRE : Oui, monsieur, mais il y a quelques erreurs dans la mention qui en est faite dans l'arrêt de renvoi...

Le Président : Les discours ont été prononcés devant le peuple?

Le PÈRE : Ils ont été prononcés devant la famille, et non devant le peuple.

Le Président : Vous les avez prononcés dans une assemblée de l'association ?

Le PÈRE : Oui, monsieur.

Le Président : Les avez-vous fait insérer dans le *Globe?*

Le PÈRE : Ce n'est pas dans le *Globe* qu'ils ont été insérés ; ils ont été publiés dans une brochure à part.

Le Président : Êtes-vous l'auteur de l'article publié dans le numéro du *Globe* du 19 février 1832, intitulé : *Extrait du cinquième enseignement de notre* PÈRE SUPRÊME ENFANTIN *sur les relations de l'homme et de la femme ?*

Le PÈRE : Oui, monsieur.

Le Président : Chevalier, n'étiez-vous pas le gérant du *Globe ?*

MICHEL CHEVALIER : Oui, monsieur.

Le Président : Est-ce vous qui avez publié l'article du 12 janvier 1832, *de la femme ?*

MICHEL CHEVALIER : Oui, monsieur.

Le Président : Reconnaissez-vous avoir publié également, dans le *Globe* du 19 février 1832, un article ayant pour titre : *Extrait du cinquième enseignement de notre* PÈRE SUPRÊME EN-FANTIN, *sur les relations de l'homme et de la femme.*

MICHEL CHEVALIER : Oui, monsieur.

Le Président à DUVEYRIER : Êtes-vous l'au-teur de l'article intitulé *de la femme*, publié dans le *Globe* du 12 janvier 1832 ?

DUVEYRIER : Oui, monsieur.

Le Président au PÈRE : Ne vous qualifiez-vous pas de PÈRE, de PÈRE SUPRÊME, de PÈRE DE L'HUMANITÉ.

Le PÈRE : Oui, monsieur.

Le Président : Ne professez-vous pas que vous êtes la LOI VIVANTE ?

Le PÈRE : Oui, monsieur.

Le Président : Avant de procéder à l'audition des témoins, je dois demander aux prévenus s'ils veulent les faire entendre sur des faits autres que ceux de la prévention ou de leur moralité ?

Léon Simon : La moralité comprend tout.

Le Président : Si vous voulez parler de faits autres que ceux de l'accusation, prenez des conclusions, la cour statuera.

Le PÈRE : Il est impossible de parler de la moralité sans parler des faits relatifs au délit d'escroquerie.

Le Président : Les témoins pourront dire qu'ils vous reconnaissent pour des gens probes, des gens d'honneur ; mais s'ils parlent du testament Robinet, je les arrêterai.

Le PÈRE : L'acte d'accusation a parlé devant MM. les jurés du testament Robinet ; il est impossible que devant MM. les jurés nous ne fassions pas entendre de témoins sur cette affaire. Le beau-frère de Robinet est au nombre des témoins assignés; il est à même de les éclairer complétement.

MICHEL CHEVALIER : Au reste, monsieur le Président, le nombre des témoins qui auront à parler de l'affaire Robinet est très-restreint, beaucoup plus que vous ne paraissez le croire.

Le Président : La Cour statuera. — Huissiers, appelez un témoin.

MOISE RETOURET est introduit.

Le Président, vivement au témoin : Levez la main droite.

MOÏSE RETOURET lève la main.

Le Président : Vous jurez de parler sans haine et sans crainte, de dire la vérité, toute la vérité, rien que la vérité.

MOÏSE RETOURET : PÈRE, puis-je prêter ce serment ?

Le Président : Vous ne devez consulter personne, vous ne devez agir que d'après votre propre volonté.

Le PÈRE : Le serment est un acte religieux; il importe à des hommes qui ont une foi de savoir si le serment qu'on réclame d'eux est conforme à leur foi, et c'est sur cette conformité que mon *fils Retouret* me consulte.

LÉON SIMON : Je ne ferai qu'une simple observation sur le serment. MM. les jurés, à l'ouverture de ces débats, ont juré *devant Dieu et devant les hommes;* pourquoi le serment des témoins ne serait-il pas semblable?

Le Président : Vous ne pouvez faire le procès à la loi.

Le PÈRE : Si le serment que le témoin peut prêter, d'après sa foi et sa conscience, n'est pas conforme à celui que vous déférez, il pourra être entendu à titre de renseignement.

Le Président : Père Enfantin, vous n'avez pas le droit de faire des observations. Témoin, contentez-vous de prêter serment.

Moïse Retouret se tourne vers le PÈRE, et le consulte par son regard.

Le PÈRE : Il ne peut prêter le serment que vous demandez.

Le Président : Faites retirer le témoin.

Le témoin se retire.

Léon Simon : Je voudrais présenter quelques observations...

Le Président : Je ne puis y consentir. (*A l'huissier*). Faites retirer le témoin.

Un avocat s'avançant en robe et avec une longue barbe (Mᵉ Demersan, qui depuis longtemps est en relation avec la famille) : Je demande à prendre des conclusions relativement au témoin.

Le Président : Vous n'êtes pas conseil dans l'affaire, retirez-vous.

Le PÈRE, à MICHEL CHEVALIER : MICHEL, fais-le taire.

MICHEL CHEVALIER : Taisez-vous. (L'avocat se retire.)

LÉON SIMON : Lorsque l'on entend des religionnaires et qu'on leur demande de prêter serment, ils ont droit de prêter serment selon leur religion.

Le Président : Vous vous trompez. (Marque d'étonnement au barreau.)

LÉON SIMON : Nous sommes ici pour témoigner de notre foi religieuse aux yeux du monde; le témoin a dû demander au chef suprême de notre religion s'il pouvait prêter serment dans les termes qu'on demande...

Le Président : Prêtez le serment selon la loi.

Le PÈRE : Le serment est un acte religieux d'une haute gravité; nous ne pouvons le prêter que conformément à notre foi. Pourquoi, d'ailleurs, par le serment, le témoin ne serait-il pas en communion avec les jurés, en le prêtant dans la même forme qu'eux?

Le Président : Prenez des conclusions.

« L'audience est interrompue pour quelques instants. Pendant cette suspension, on s'entretient
sur cet incident; quelques avocats s'approchent des
conseils et semblent leur indiquer les formules lé-
gales pour rédiger et prendre des conclusions. Enfin, après un intervalle de quelques minutes, Léon
Simon lit des conclusions signées par Michel Chevalier, elles sont ainsi conçues :

« Attendu que dans le réquisitoire de M. le pro-
» cureur du roi, on impute à notre religion de
» n'être autre chose qu'un *panthéisme confus;*

» Attendu que le serment dont la formule vient
» d'être lue par le président, implique dans son
» sens le plus clair et le plus grammatical le *pan-*
» *théisme confus;*

» Requérons qu'il plaise à la cour faire men-
» tionner au procès-verbal que les témoins, en prê-
» tant le serment, entendent ne point faire abstrac-
» tion de leur foi religieuse. »

L'Avocat général : Nous remarquons que les
conclusions ne sont pas conformes aux explications
données ; nous croyons avoir entendu que l'on demandait que les témoins ne prétassent pas un serment sous la forme ordinaire. Maintenant on demande que les témoins, en prêtant serment, ne
fassent pas abstraction de leur foi religieuse. Comme

les témoins ne se sont pas expliqués sur ce point, nous n'avons pas à traiter la question.

Le PÈRE : M. le Président s'est adressé à nous.

L'Avocat général : Il n'est pas possible que ce soie Enfantin ou Chevalier qui demandent que les témoins ne fassent pas abstraction de leur foi religieuse. Que l'on fasse revenir les témoins.

Le PÈRE : M. le Président nous a dit de poser des conclusions sur le serment à prêter par le témoin ; c'est à nous de répondre et de conclure.

La Cour se retire pour délibérer : après dix minutes elle rentre, et le Président lit l'arrêt suivant :

« Attendu que les conclusions qui viennent d'être prises par les prévenus n'intéressent que les témoins et ne sont relatives qu'à un fait étranger aux prévenus, la cour dit qu'il n'y a lieu à statuer sur ces conclusions. »

Le Président : Faites revenir les témoins.

Moïse Retouret est de nouveau introduit.

Le Président : Je viens de vous indiquer dans quels termes le serment doit être prêté; êtes-vous dans l'intention de le prêter... spontanément?

Moïse Retouret interroge les regards du PÈRE.

Le PÈRE : Vous préjugez la question.

Le Président : Je m'adresse au témoin.

Le PÈRE : Il n'y a qu'un instant, vous m'avez demandé si j'étais la LOI VIVANTE; maintenant vous empêchez mes enfants de s'adresser à moi pour me consulter sur un acte qui intéresse essentiellement leur conscience, leur foi; si je m'abstenais d'intervenir, je serais en contradiction avec moi-même, vous me feriez ainsi renier ma parole.

L'Avocat général : Nous demandons que le témoin déclare s'il prêtera serment sans que le père Enfantin l'y autorise.

Le Président : Consentez-vous à ne prêter serment que sur l'autorisation du père Enfantin?

Moïse Retouret : Je ne prêterai serment dans la forme par vous indiquée, qu'avec l'autorisation du PÈRE.

L'Avocat général, avec vivacité : Attendu que le serment est un acte libre, spontané, nous requérons que le témoin ne soit pas entendu dans sa déposition.

Le PÈRE : Il n'est pas étonnant que les hommes qui sont autour de moi et qui sont mes enfants, me demandent conseil, cela est naturel. M. l'avocat général vient de le faire constater, je suis content, je l'en remercie.

L'Avocat général : Le serment est un acte grave; c'est la promesse faite devant Dieu de dire la vérité; on ne prête pas serment devant Dieu et devant le père Enfantin, on ne prête serment que devant Dieu et devant les hommes, et on ne peut invoquer une autre autorité que celle de la divinité quand on prête serment.

Prendre la permission d'un homme pour prêter serment, et d'un homme qui prend le titre de *loi vivante*, c'est attester un autre que Dieu de la vérité de ses paroles. Nous demandons que la cour, par son arrêt, fasse disparaître toute discussion relative au serment.

Lambert : Nous sommes loin de ne pas sentir que le serment soit un acte grave et solennel. Nous demandons, à cause de cette gravité même, que le témoin soit mis en communion avec les jurés, en jurant devant Dieu et devant les hommes, ainsi que l'ont fait les jurés eux-mêmes au commencement de cette audience. Comme la formule lue au témoin ne parle ni de Dieu ni des hommes, nous avons demandé que ces mots fussent insérés dans la formule du serment. M. l'avocat général dit que, quand on prête serment, on ne le prête que devant Dieu, ou qu'en invoquant Dieu; quant à nous, nous reconnaissons la divinité; mais nous reconnaissons aussi, parmi les hommes, un homme qui, par-dessus tous les autres, est l'interprète de la volonté de DIEU. Vous dites que le témoin n'a pas besoin de demander à un homme l'autorisation de prêter serment, mais vous ne savez pas ce qu'est cet homme. Cet homme, c'est la manifestation la plus élevée de DIEU dans l'humanité. Ce qui revient à dire que nous reconnaissons un pouvoir humain, dont les actes ont une inspiration et une sanction religieuse. Si M. l'avocat général ne donne pas à sa religion une forme humaine, il nous est permis à nous de la lui donner.

Je demande que, d'après les paroles mêmes de M. l'avocat général, on mette dans la formule du serment les mots : *devant Dieu et devant les hommes;* sans cela je ne comprendrais pas la discussion à laquelle il s'est livré.

La Cour se retire pour délibérer. Elle revient bientôt, et rend l'arrêt suivant :

« Attendu que le serment est un acte libre, et qui » doit émaner de la seule volonté de celui qui le » prête;

» Attendu que le témoin Retouret a déclaré » qu'il ne prêterait serment qu'autant qu'il serait » autorisé par celui qu'il appelle le PÈRE EN- » FANTIN;

» Attendu que le serment soumis à la volonté de
» celui qui est intéressé dans la cause ne peut ins-
» pirer aucune confiance à la justice; que ce n'est
» pas sur un pareil serment que les juges peuvent
» s'éclairer et rendre une décision ;

» La Cour déclare qu'il n'y a lieu à entendre le
» témoin. »

Le Président : aux prévenus : Tous les autres
témoins sont-ils dans le même cas?

Le PÈRE : Vous les entendrez.

OLLIVIER est introduit. Ses regards se portent
sur ceux du PÈRE.

Le Président : Tournez-vous du côté des jurés;
vous ne devez prendre d'avis de personne. Prête-
rez-vous serment sans autorisation?

OLLIVIER : Je suis en présence de mon PÈRE,
de mon juge, de mon directeur et de mon guide ;
et ma conscience ne peut me permettre de prêter le
serment que vous me présenterez sans son autorisation.

Le Président : Eh bien! retirez-vous.

Le PÈRE : Je désire ajouter un mot sur l'arrêt
lui-même.

Le Président : C'est impossible ; il y a arrêt.
Renoncez-vous à faire entendre les autres témoins?

Le PÈRE : Pas du tout.

Le Président : Faites venir un autre témoin.

Le PÈRE : Ce qui se passe devant vous est la preuve de la moralité de la religion nouvelle. Cet iucident vous montre le lien vivant qui nous lie, le sentiment religieux qui nous inspire.

DUGUET est introduit.

Le Président : En prêtant le serment que la loi prescrit, êtes-vous décidé à vous livrer à votre spontanéité ?

DUGUET : Si j'étais en mission, loin du PÈRE, je m'abandonnerais à ma spontanéité, et j'ai la certitude qu'elle ne m'égarerait pas ; mais partout où se trouve le chef de notre culte, c'est à lui que je dois m'en référer sur l'opportunité d'un serment à prêter.

Le Président : Retirez-vous. Appelez un autre témoin.

« MASSOL est introduit.

Le Président : Pouvez-vous prêter serment sans autorisation ?

MASSOL : Je puis prêter serment.

Le Président : Vous jurez de parler sans haine et sans crainte, de dire la vérité, toute la vérité.

MASSOL : PÈRE, puis-je prêter ce serment-là ?

Le Président : Retirez-vous. Huissier, faites venir les autres témoins en masse.

Les témoins, au nombre de plus de trente, se présentent tous ensemble devant les jurés.

Le Président : Il paraît que vous faites tous partie de l'association appelée saint-simonienne : êtes-vous tellement liés envers le Père Enfantin que vous ne puissiez prêter serment sans son autorisation ?

Les témoins répondent affirmativement.

L'Avocat général : Je demande qu'ils soient tous interpellés les uns après les autres.

Un huissier, sur l'ordre du président, fait l'appel nominal des témoins, qui restent tous présents. Chacun d'eux, à l'exception de ROCHETTE et de Stéphane Flachat, répond, en entendant son nom, qu'il ne peut prêter le serment voulu par la loi, sans que le PÈRE ait sanctionné la formule de ce serment par son autorisation.

RAYMOND : Je demande à légitimer mon refus.

Le Président : Il y a arrêt.

RAYMOND : Nos sentiments religieux ne peuvent être jugés que par des hommes religieux.

Le Président à ROCHETTE : Pouvez-vous prêter serment?

ROCHETTE : Je désirerais savoir quels sont les termes du serment qu'on demande de moi.

Le Président : Vous jurez de parler sans haine

et sans crainte; de dire la vérité, toute la vérité,
rien que la vérité.

Rochette : Ne voyant pas paraître le nom de
Dieu dans ce serment, je ne puis le prêter.

Un Témoin: Je demande à prêter serment devant
Dieu et devant les hommes.

Le Président : Cela ne se peut.

Flachat: Je demande, comme Rochette, à
connaître la formule du serment.

Le Président lui en donne lecture.

Flachat : Je ne puis prêter un serment où ne se
trouve pas le nom de Dieu.

Olinde Rodrigues : Je demande que l'on constate
qu'un témoin a demandé à prêter serment devant
Dieu et devant les hommes, et qu'il a été refusé.

Le Président : Le procès-verbal fait mention de
tout.

La Cour rend immédiatement l'arrêt suivant :

« Attendu que les personnes assignées comme
» témoins déclarent ne pouvoir prêter serment sans
» autorisation, la Cour dit qu'elles ne peuvent être
» entendues. »

Lambert : Attendu que selon le code d'instruction criminelle, les témoins doivent être appelés
séparément, nous demandons qu'il soit fait mention
au procès-verbal de leur audition simultanée.

Le Président : Le procès-verbal fait mention de tout.

L'audience est suspendue et reprise quelques instants après.

LAMBERT : Je demande acte encore de ce que RETOURET n'a pas été admis au serment, parce qu'avant de le prêter il avait demandé conseil du *sieur Enfantin* (je me sers ici de l'expression légale); je ne sache pas qu'aucune loi défende à l'homme qui a un serment à prêter de prendre conseil soit le jour même, soit la veille, de celui qui dirige sa conscience ; enfin je demande acte de ce que M. l'avocat général a dit que c'était sur un geste du *sieur Enfantin* que RETOURET était disposé à prêter serment.

Le Président : L'incident a donné lieu à des conclusions et à un arrêt. Il y a arrêt.

L'Avocat général : Il n'est pas exact de dire que c'est sur un geste du sieur Enfantin que nous avons requis que le sieur Retouret ne fût pas entendu.

Un avocat : Les témoins n'ont demandé que l'autorisation de....

Le Président : Il y a arrêt.

Le PÈRE : Avant de commencer les débats, je

désire, M. le Président, signaler un fait qui s'est passé dans la chambre du conseil.

J'avais demandé pour conseils deux femmes, vous vous y êtes opposé, M. le Président. La question qui va se débattre ici intéresse spécialement les femmes. Je ne fais pas cette observation pour que l'on revienne sur une décision prise ; mais je veux que l'on sache que, dans une cause qui intéresse particulièrement les femmes, le conseil des femmes a été refusé.

Le Président : Je ne rends pas compte des décisions que je prends dans l'exercice de mes fonctions.

Le PÈRE : Je ne demande pas de réponse.

L'Avocat général prend la parole et prononce son réquisitoire. Après qu'il a cessé de parler [1], l'audience est suspendue un quart d'heure et reprise à trois heures.

Baud, beau-frère de Rodrigues, empêché le matin de faire sa déposition, demande à être entendu. « J'ai été attiré, dit-il, vers les saint-simoniens par l'éclat que jetait leur doctrine... J'ai d'abord assisté comme auditeur, comme prosélyte, mais non

1. L'historique du procès et les débats ont été publiés. Ils seront réimprimés et compris intégralement dans cette collection.

comme néophyte, à leurs enseignements. C'est
parce que, dans tous leurs actes, j'ai trouvé qu'il
y avait moralité, honneur, dévouement de la part
des hommes qui présidaient la Société, que j'ai
consenti à en faire partie. Quand ma conviction a
été assez grande, j'ai pris part à l'œuvre d'une manière active... J'avais pour mission d'arrêter dans
ses désordres le fils privilégié de la naissance qui
séduit la pauvre fille du peuple... J'ai demandé
plusieurs fois de l'argent aux riches qui m'écou-
taient, et pour cette œuvre sainte (la guerre à la
prostitution), j'ai même un jour menacé le monde
de mendier. J'en suis fier, parce que j'ai la conviction profonde que les saint-simoniens voulaient
sincèrement le bien du peuple, et que l'emploi
qu'ils ont fait de l'argent lui a plus servi, au peuple, que s'il eût été consacré à de misérables au-
mônes. Voilà la mission que j'ai reçue du PÈRE
ENFANTIN, et j'ai pour cet homme un amour que
rien n'égale. »

Rodrigues présente ensuite lui-même sa défense dans un discours fort remarquable, et qui
sera reproduit en entier, comme tous ceux des prévenus et de leurs conseils, avec toutes les pièces du
procès. Il s'écrie en terminant : « L'accusation
pourrait dire que nous nous sommes escroqués nous-

mêmes, que nous nous sommes ruinés, que pas un de nous ne se trouve dans une position égale à celle qu'il aurait pu conserver dans le monde[1]... Je ne puis que me féliciter, du reste, d'avoir trouvé cette occasion pour rendre ici solennellement hommage à la mémoire de Saint-Simon, mon maître, qui chaque jour, de plus en plus, sera considéré comme le bienfaiteur de l'humanité. »

La parole est ensuite donnée à Léon Simon, conseil de Michel Chevalier, et qui s'applique à faire ressortir ce qui distingue essentiellement la conception religieuse des saint-simoniens, la croyance en l'infini conscient, de la doctrine du panthéisme.

A six heures, l'audience est suspendue pour être reprise à huit heures. A l'ouverture, Michel Chevaier se lève : il fait l'historique du procès; suit, pas à pas, l'avocat général dans son argumentation, et le réfute avec autant de vigueur que d'habileté.

Le Président et la Cour finissent par donner des signes d'impatience, comme s'ils trouvaient cette défense trop longue ou trop hardie. Michel Chevalier insiste; il veut répondre aux reproches articulés contre les saint-simoniens par l'avocat général

---

1. La position que la plupart des saint-simoniens se sont faite, après leur rentrée dans le monde, a justifié cette assertion.

au sujet du 6 juin [1] ; il annonce qu'il va résumer une conversation qu'il a eue à cette occasion avec le garde des sceaux ; mais le président l'interrompt en disant : « *Il ne s'agit pas de cela.* » Michel ne se rend pas à cette observation, et Enfantin, intertervenant dans le débat, dit : « On nous a reproché de ne pas avoir fait notre devoir de citoyen, de n'avoir pas pris un fusil ; chaque chose a son temps, chaque homme a son œuvre. »

Le Président : « Abordez la prévention et ne perdez pas le temps à raconter des conversations. Il y a deux heures que vous parlez.

Enfantin, *d'une voix forte :* Un coup de fusil est plus court. (*Sensation.*) On nous a reproché d'avoir fait des jongleries le 6 juin, au lieu de des-

1. L'avocat général avait incriminé la conduite des apôtres de Ménilmontant, au 6 juin, parce qu'un néophyte avait été suspendu de ses fonctions pour ne s'être pas mêlé au peuple du faubourg Saint-Antoine pendant l'insurrection. C'était une grave méprise : la suspension n'avait été prononcée précisément que parce que la mission confiée à ce fonctionnaire, et négligée par lui, consistait à braver le danger pour faire entendre aux insurgés une parole de conciliation et d'apaisement. —Michel Chevalier prit d'ailleurs occasion de cette méprise du ministère public pour dire que les réquisitoires, dans lesquels on se croyait obligé de surfaire, se rédigeaient comme des *mémoires d'apothicaires,* ce qui fit d'autant plus rire que l'on comptait trois pharmaciens parmi les jurés, lesquels furent bien vite désintéressés dans cette comparaison, par ce mot qu'ajouta le prévenu : « Je parle des apothicaires d'autrefois. ».

cendre sur le pavé ; nous devons repousser ce reproche.

Le Président : Le réquisitoire de M. l'avocat général n'a pas duré deux heures.

Enfantin : Voilà sept mois que dure le réquisitoire

Le Président : Si vous abusez de la parole, je vous rappellerai à l'ordre.

Enfantin, *se levant :* Oui, à l'ordre, c'est ce que nous désirons. Vous ne sauriez nous empêcher de répondre comme il nous plaît, car le reproche que nous a adressé M. l'avocat général est le reproche le plus sensible que l'on puisse faire à des hommes devant des hommes, et surtout devant des femmes ; c'est le reproche de lâcheté ; laissez-nous parler. (*Sensation.*)

Une voix dans l'auditoire : Bravo ! bravo !

Le Président : Soldats ! qu'on fasse à l'instant sortir celui qui vient de donner des signes d'approbation. (*Les gardes municipaux font sortir un jeune homme.*)

Michel Chevalier, reprenant la parole et continuant la justification des idées saint-simoniennes sur l'industrie, comme seules capables de tirer le pouvoir d'embarras dans la crise sociale où il se trouvait jeté, le Président l'interrompt de nouveau et lui dit : La Cour ne peut vous entendre sur des théories.

Michel Chevalier : Nous sommes ici pour des théories.

Enfantin : Je vous prie de nous dire, monsieur le président, pourquoi nous sommes en face de MM. les jurés. Nous sommes ici pour des théories morales, et nous devons répondre aux attaques de la prévention.

Le Président : Voilà huit heures que vous répondez.

Enfantin : Autant d'*heures* de défense que de *mois* d'accusation, d'instruction, de diffamation.

Michel Chevalier commence donc résolûment le récit de son entrevue avec le garde des sceaux ; mais le Président, après s'être vivement agité sur son siége et avoir consulté les deux conseillers ses assesseurs, l'arrête de nouveau en ces termes :

« Vous voulez établir un système complet d'économie politique, à votre manière ; [1] je vous dé-

1. M. le président ne se doutait pas alors que la *manière* de Michel Chevalier, en économie politique, deviendrait trente ans plus tard la *manière* gouvernementale, et qu'elle serait consacrée par un traité solennel entre les deux grandes puissances qui mènent le monde civilisé. Il est vrai que, pour en venir là, il a fallu une nouvelle révolution qui a emporté la royauté *invio-*

clare que la Cour ne peut plus vous entendre. »

Michel Chevalier persistant, le Président répète : « La Cour a déclaré ne pouvoir plus vous entendre. »

Alors Enfantin joint sa voix à celle du Président pour engager son disciple à renoncer à la parole.

« Assez, Michel, lui dit-il, les jurés doivent avoir senti par cet aperçu la distance qu'il y a de notre politique à une politique de désordre. »

Michel s'empresse de se rasseoir ; Lambert prend la parole, et met en regard le monde ancien et le monde nouveau. Il passe ensuite en revue les membres actuels de la famille saint-simonienne, et termine par cette déclaration, qui était aussi un verdict et une sentence dans la bouche comme dans la pensée d'hommes religieux, profondément convaincus qu'ils avaient devant Dieu, et qu'ils auraient un jour devant la postérité, le droit de juger leurs juges :

« Je finis, messieurs les jurés.

» J'ai signalé l'incompétence religieuse, morale et politique du monde [1] où vous vivez ;

lable, au nom de laquelle parlait en 1832 la magistrature, laquelle a d'ailleurs conservé fort heureusement elle-même sa propre inviolabilité.

1. L'avocat général avait dit, en parlant des prévenus : « Ces hommes sont des hommes de troubles, de destruction, de bou-

» L'absence absolue de culte en vous et de dogme qui puisse exprimer une foi commune, l'étroitesse de votre mandat en présence d'un apostolat nouveau;

» L'ignorance des conditions qui constituent la morale, le silence obligé de ses représentants les plus sacrés, des femmes, et la perpétuelle contradiction de votre théorie et de votre pratique;

» Tels sont les signes désolants que j'ai dû en mettre devant vos yeux. »

Duveyrier succède à Lambert. Son discours, comme celui de Michel Chevalier, provoque des marques d'impatience de la part du Président, qui finit par lui dire : « *Duveyrier*, je vous fais observer, dans l'intérêt de votre défense, que vous aggravez la prévention. »

DUVEYRIER : Laissez-moi parler, je suis apôtre et non pas avocat.

LE PRÉSIDENT : Vous faites l'éloge de la polygamie considérée comme un crime par nos lois.

leversement ! Et vous, messieurs les jurés, qui êtes ici les représentants de la société menacée, vous voulez la conservation de cet ordre social qu'ils attaquent si audacieusement ! Oui ! que cet ordre soit *bon* ou *mauvais*, vous êtes appelés à le soutenir ! »

Lambert, après avoir rappelé cette phrase, s'écria : « Un homme qui parle *ainsi* a déclaré son incompétence politique. »

Duveyrier : Je n'en fais pas l'éloge... Je vous prie de ne pas m'interrompre.

Le Président : Vous dites...

Duveyrier : Mais si je dis assassinez!.... et que vous m'interrompiez tout court, vous pourrez dire aussi que je veux provoquer au meurtre; et si vous m'aviez laissé achever, j'aurais dit : Assassinez, et vous serez guillotiné. Donc, n'assassinez pas. (*Sensation.*) Je veux montrer.....

Le Président : Si vous continuez sur ce ton, je serai obligé de vous nommer un avocat.

Duveyrier : Un avocat! et où en trouver? (*Étendant les bras vers le barreau où siégent une foule de jeunes avocats.*) Je leur ai dit à tous en arrivant : On m'accuse d'avoir écrit que le monde vit dans la prostitution et l'adultère, mais vous vivez tous dans l'adultère et la prostitution. Ayez donc le courage de le dire à haute voix : c'est là le seul plaidoyer que vous puissiez faire pour nous. Ils ne l'ont pas voulu, ils ne peuvent pas me défendre.

Le Président : Vous les avez injuriés.

Duveyrier : Injuriés! pas du tout; ils ne m'ont pas dit que je les injuriais; ils sont tous là pour le dire : ils ont baissé la tête et n'ont pas répondu. (*Profond silence.*)

Le Président : Accusé, je vous invite à prendre un ton plus convenable.

Duveyrier : Je vous en prie, monsieur le Président, je vais être convenable.

Duveyrier achève son discours sans être plus interrompu [1]. Barrault lui succède ; il peint sous de nouvelles couleurs le règne hideux de l'adultère et de la prostitution. « Jeunes et vieux, s'écrie-t-il, beaux et difformes, élégants et rustres, tous prennent part à l'orgie ; *tous, dans cette grande Babylone, boivent du vin d'une furieuse prostitution.* »

Le Président (*qui a témoigné de l'impatience pendant cette dernière partie du discours de Barrault*) :

---

1. Un des anciens apôtres de Ménilmontant nous a communiqué la note suivante :

« Vingt ans après ces débats, le magistrat qui avait rempli les fonctions du ministère public rencontrait chez un ami commun un des conseils des accusés. La conversation s'engagea sur ces communs souvenirs. « En portant la parole contre les saint-simoniens, dit le magistrat, j'ai cru remplir un devoir, non-seulement officiel, mais de conscience. Je voyais clairement le danger de leurs doctrines ; et cependant, personne ne rendait plus justice que moi à l'élévation de leurs idées, à la générosité de leurs sentiments. — Pour ce qui est de M. Duveyrier en particulier, ajouta-t-il, je n'hésite pas à vous dire que jamais parole, ni au barreau, ni à la tribune, n'a produit sur moi une impression comparable à celle que m'ont fait éprouver les deux discours prononcés par lui dans cette circonstance. »

La défense dégénère en scandale ; la séance est levée et remise à demain, huit heures et demie du matin.

Barrault : Ainsi se termine le concile.

— Il est onze heures et demie.

La famille saint-simonienne retourne, à travers des rues presque désertes, à Ménilmontant.

Audience du mardi 28 août.

« A six heures et demie, dit la narration saint-simonienne, la famille était rangée dans le même ordre que la veille. A six heures trois quarts, le PÈRE descendit, et nous partîmes pour le Palais de justice.

• Le temps était brumeux; il avait plu pendant la nuit.

» Nous nous rendîmes au Palais de justice par les rues que nous avions traversées la veille au soir, parce qu'elles sont plus spacieuses et moins encombrées. Nous trouvâmes partout, comme la veille, silence, curiosité et signes d'intérêt de la part des femmes. Il plut pendant la fin du trajet.

» La salle des assises n'était pas ouverte quand nous arrivâmes au Palais de justice. La famille se rendit dans la salle des Pas-Perdus, où elle stationna pendant un quart d'heure. Une foule énorme

de curieux se pressa autour d'elle. A neuf heures
et demie, l'audience s'ouvrit. »

Le Président : Enfantin, vous avez la parole.

Le PÈRE : Je désire savoir si M. l'Avocat général a l'intention de répliquer, parce que, dans
ce cas, j'abrégerais ce que j'ai actuellement à
dire.

L'Avocat général : Vous ne vous êtes pas encore *défendu* sur la question morale.

Le Président : La question morale est très-
importante pour la *défense;* il est de votre intérêt
de vous justifier à cet égard.

Le PÈRE : Je demande encore si M. l'Avocat
général est dans l'intention de répliquer.

L'Avocat général : Je parlerai.

Le PÈRE : Je vais parler.

*(Le Père se lève gravement, et, plaçant sa main
droite sur sa poitrine, il parcourt lentement de
son regard l'auditoire, les jurés et les juges.)*

Le Président : Vous faut-il quelques instants
pour vous recueillir?

Le PÈRE : Non, monsieur; je vous remercie.

Le Président : En ce cas, veuillez parler.

Le PÈRE *arrête quelques instants encore ses
regards sur MM. les jurés, et dit :*

« Messieurs, M. l'Avocat général vient de dire

qu'il ne connaissait pas mes moyens de *défense ;* je ne me défends pas. M. le Président ajoute qu'il est de mon intérêt de me *justifier ;* je ne me *justifie* pas : J'ENSEIGNE. J'enseigne à *tous* ce qu'*ils* sont et ce que *nous* sommes, et voilà pourquoi, moi et mes fils, nous sommes devant la justice ; car la justice *nouvelle* doit se faire connaître à tous, et pour cela, il faut d'abord que, provoquée par la justice *ancienne,* elle montre clairement l'incompétence de la *loi* ancienne pour juger les apôtres de la *loi* nouvelle. (Le PÈRE *s'arrête un instant et considère alternativement les juges et les jurés.*)

» C'est ce que nous avons cherché à vous faire comprendre hier, mes fils et moi, mes fils par leur parole, et moi par la direction que je leur ai imprimée.

» Nous nous sommes mis en communion avec le monde de bien des manières différentes ; celle-ci est nouvelle pour nous ; mais dans aucune de ces rencontres, nous n'avons été traînés à la remorque par personne, *jugés* par personne ; nous ne le serons point ici. Je sais bien, messieurs, que votre titre de jurés vous donne le *droit* de porter un *jugement* sur toutes les questions qui vous seront soumises, mais il est un *devoir* aussi pour vous, comme pour tout homme de bonne foi, c'est de vous abstenir de *juger* sur ce que vous ne *connais-sez* pas. Je le répète, j'ai donc à vous enseigner qui nous sommes.

» Pour cela, je me bornerai à vous expliquer notre conduite d'hier, et à fixer votre attention sur celle que je tiens aujourd'hui même, en ce moment. »

Le PÈRE *s'arrête encore, et regarde les juges et l'Avocat général. (Un mouvement d'impatience se manifeste dans la Cour.)*

« J'ai besoin d'ailleurs de donner des explications sur ce qui s'est passé hier, parce que beaucoup ont pu ne pas comprendre comment s'alliaient, avec nos prétentions pacifiques et religieuses, des discussions qui ont eu quelquefois la vivacité des débats du barreau.

» Nous avons voulu que tous les incidents du procès justifiassent radicalement votre incompétence, et si nous les avons prolongés quelquefois avec une ténacité toute particulière, c'est que les décisions que nous obtenions ainsi de la Cour, et les opinions que nous forcions le ministère public à émettre, montraient d'une manière évidente les *préjugés* sous l'empire desquels la cause était examinée et allait être jugée.

» Ma volonté a été que notre marche fût telle, et

quoiqu'il y ait eu spontanéité dans la forme apportée par chacun, j'aime à dire que le calcul en était fait à l'avance, comme M. l'Avocat général avait sans doute fait le sien pour l'accusation.

» Ainsi j'étais certain que des juges qui viennent traiter ici la plus haute question de moralité et de législation, celle des rapports des *sexes*, me refuseraient l'assistance de *femmes* comme conseils ; on me l'a refusée. (*Le* PÈRE *s'arrête en regardant le Président qui sourit.*)

» Quant au serment, vous n'avez pas voulu que mes fils me consultassent ; par là vous avez nié qu'il dût y avoir un *lien d'obéissance* et de *foi* entre ces hommes et moi ; vous avez nié à l'avance, avant de les entendre, avant de nous entendre, notre caractère *religieux*, tandis que toute la cause roulait de fait sur cette question : Sont-ils *religieux?*

» Vous qui accusez nos principes sur l'*autorité* d'écraser la *liberté* humaine, vous avez voulu, vous, *autorité* judiciaire, traiter ces hommes que vous aviez sous les yeux comme des machines parlantes, les forcer de répondre mécaniquement quand votre parole frapperait leurs oreilles ; vous leur avez enjoint, vous, monsieur le président, de se dépouiller ici, autant que possible, de *toute affection !* Ils n'ont point accepté ce rôle machinal, ils ont répondu en *hommes,* car l'homme est celui qui est *lié* à d'autres hommes, et ils vous ont montré qu'ils étaient *liés* entre eux et à moi, qu'ils étaient *religieux.*

» Or, depuis bien longtemps les hommes ne savent plus ce que c'est que d'être liés entre eux; vous, messieurs les jurés, vous ne le savez pas, et votre présence ici, tous inconnus les uns aux autres, en est la preuve certaine. Si vous ne pouvez pas comprendre le *lien* qui attache ces enfants entre eux et à moi, c'est-à-dire notre *religion,* comment pouvez-vous juger que nous sommes ou ne sommes pas *religieux?* Comment pouvez-vous sonder les cœurs de ces hommes qui m'entourent, lorsque ces cœurs renferment des sentiments qui vous sont étrangers ou que vous avez oubliés? A quel titre vous croyez-vous capables même de les *comprendre,* vous qui êtes élus ici par le sort, lorsque, sans crainte de blesser l'amour-propre d'aucun d'entre vous, je puis vous dire que les hommes qui sont devant vous ont, à coup sûr, plus de *savoir* qu'il n'en existe parmi vous. »

(Le Père s'arrête en fixant ses regards sur sa famille et sur le jury, désignant ainsi, à tous, ces deux réunions d'hommes dont il venait de faire la comparaison. En ce moment, l'impatience de la

Cour paraît très-grande ; le Président s'agite, ainsi que les deux conseillers. L'Avocat général témoigne vivement son irritation.)

Le PÈRE : J'ai donc voulu hier que les dé-bats fussent dirigés de telle sorte que nous puissions surprendre, et maintenant, même pendant quelque temps, la Cour dans un état d'incompétence flagrante à l'égard de la cause qui lui est soumise.

(*Le Père promène ses regards sur l'auditoire.*)

Le Président : Avez-vous besoin de vous re-cueillir? La Cour suspendrait quelques instants la séance.

Le PÈRE : Non, M. le président, ce n'est ni de recueillement ni de méditation que j'ai besoin en ce moment ; j'ai besoin de *voir* qui m'entoure....

Le Président (*Interrompant*) : Vous êtes devant la Cour et le jury.

Le PÈRE : J'ai besoin, vous dis-je, de *voir* qui m'entoure et d'*être vu* ; je sais tout ce que donne de puissance le *recueillement* et la *solitude*, et j'ai montré que je le savais, puisqu'il y a cinq mois j'ai ouvert notre *retraite* de Ménilmontant, mais je sais aussi que le *recueillement* n'est pas la seule manière de s'*inspirer*, et d'ailleurs je désire apprendre à M. l'Avocat général l'influence de la *forme*, de la *chair*, des *sens*, et pour cela lui faire sentir celle du *regard*.

L'Avocat général : Vous n'avez à me donner de leçons ni sur le *regard* ni sur aucune autre chose. Je vous engage à vous défendre d'une manière plus conforme aux habitudes de l'audience, sinon je prendrai les conclusions que je jugerai convenables.

Le PÈRE : M. le président me demandait tout à l'heure si j'avais besoin de *recueillement;* dans cette demande j'ai reconnu le chrétien qui a besoin de *méditation* et de prière solitaire pour élever son âme; or je veux montrer ici à tous, je le répète, que ce n'est pas seulement par le *recueillement*, la *solitude* et le *silence* que l'homme s'inspire, que c'est aussi en *voyant*, en *touchant* le milieu qui l'environne; que ce n'est pas seulement par l'*esprit*, mais aussi par les *sens*, qu'il élève son âme; ainsi c'est par la nature du *regard* que je dirige sur vous, Messieurs, que je lis sur vos *visages* la pensée qui vous anime, comme je voudrais vous apprendre à lire la mienne sur ma face; et c'est aussi en vous *voyant* tous, que je fais naître en vous telle ou telle pensée bienveillante ou hostile.

(*Le Père passe en revue la Cour, le jury et l'auditoire, en disant*) :

« Car je crois révéler toute ma pensée sur ma figure. »

(*L'impatience de la Cour augmente.*)

« Vous devriez trouver naturel, Messieurs, que je vous parle de ma *figure*, puisque M. l'Avocat général vous a entretenus hier de ma fatuité. Or, comme il ne comprend pas comment la *forme*, les *sens*, la *beauté*, peuvent recevoir une destination sainte et moralisante, et que c'est par suite de cette ignorance que nos doctrines sont accusées d'immoralité, j'avais raison de dire que je devais lui apprendre la puissance qui existe dans la *chair*, dans le *corps*, indépendamment de la parole. C'est même là toute la cause.

» M. l'Avocat général a rappelé que, selon notre foi, le prêtre devait être *beau*, et c'est presque avec horreur et dégoût qu'il a répété notre pensée à cet égard. Ce mépris pour la *beauté*, cette indifférence au moins pour la *forme*, est un langage de convention qui n'est en harmonie avec la conduite de personne aujourd'hui, qui est sans réalité, et je sens bien aussi, lorsque silencieux je fixe mes regards sur vous, et lorsque vous-mêmes me regardez, que nous exerçons, vous sur moi et moi sur vous, une influence qui tient, non à votre intelligence que j'ignore, ni à la mienne qui n'a point alors de parôle, mais au *geste,* à l'expression qui se peint sur vos *figures* et sur la mienne. »

(Le Père regarde avec calme; le Président, les juges, l'Avocat général et le jury manifestent visiblement leur irritation.)

Enfantin n'en continue pas moins la justification du dogme nouveau qui lie la *beauté* et la *sagesse* à la BONTÉ pour former la trinité divine. Il veut faire sentir et comprendre la puissance morale de la *beauté,* afin de la laver des souillures qu'un mépris affecté pour elle lui fait contracter. (« *Pendant ses dernières paroles,* dit la narration officielle de Ménilmontant, *l'irritation de la Cour était à son comble;* le PÈRE, *qui n'avait pas cessé de fixer ses regards sur les juges, continuait à les regarder silencieusement et avec un calme sévère. Après quelques instants, pendant lesquels le Président et les juges s'entretiennent vivement, le Président se lève avec humeur et dit en se dirigeant rapidement vers la chambre du conseil »*) :

« L'audience est suspendue; nous ne sommes pas ici pour attendre le résultat de vos contemplations. » — (LE PÈRE *suit de son regard la Cour qui se retire, il accompagne de même le départ du jury, puis il se tourne en souriant vers l'auditoire qui examine cette scène dans le plus pro-*

fond silence, et se rasseoit en disant à ses fils) :
« Encore une justification de leur incompétence. »

A la rentrée de la Cour, Enfantin reprend la parole, et dit :

« Si l'enseignement que je viens de faire n'a pas été compris, je ne m'en étonne point, car le fait qui vient de se passer à l'instant suffirait, s'il était compris, pour démontrer d'une manière invincible l'ignorance complète où vous êtes du sentiment que nous apportons au monde.... au reste, vous attendez de moi, selon l'usage, un *discours* ; je vais parler. » *(La parole du* PÈRE *qui, jusqu'ici, avait été lente et entrecoupée de longs silences pendant lesquels sa physionomie seule parlait, prend dès ce moment une marche plus rapide.)*

Le *discours* d'Enfantin, exposé succinct, serré, lumineux de ses théories, fut écouté sans provoquer de nouvelles interruptions. L'Avocat général, dans sa réplique, invoqua l'autorité de Bazard à l'appui de l'accusation. D'Eichthal, Lambert, Duveyrier, Michel Chevalier et Barrault répliquèrent ensuite. Barrault posa même des conclusions pour demander acte à la Cour de quelques paroles du ministère public qu'il croyait *diffamatoires*. La Cour rejeta ces conclusions. Enfantin se leva alors pour se plaindre de l'inconvenance de ces paroles (*spécu-*

lation, jonglerie). Il ne s'en tint pas là, il voulut opposer sa propre autorité à la virulence du second réquisitoire, et il félicita l'Avocat général d'avoir invoqué contre lui l'autorité de Bazard, quoique cette invocation pût être considérée comme contraire à la volonté de ce dernier. « Bazard, en effet, s'écria Enfantin, avait déclaré, dans un interrogatoire devant M. Barbou, qu'il ne reconnaissait à aucun pouvoir le droit de juger le différend qui existait entre nous, et que l'humanité prononcerait par son adhésion ou son rejet de ma foi. »

« Quant à moi, ajouta-t-il, pour des raisons qui me sont toutes particulières, je n'examinerai ni ne réfuterai l'opinion de Bazard ; j'engage même MM. les jurés à lire son ouvrage, il est infiniment mieux fait que tous les réquisitoires..... Puisque M. l'Avocat général a rappelé les protestations faites contre moi, je suis étonné qu'il ait oublié l'une des plus importantes..... Jean Reynaud, un jour, osa lancer contre moi, publiquement, une accusation d'immoralité ; mais il est vrai aussi qu'après avoir entendu ma parole, le *peuple* qui était présent lui cria de toutes parts : « Embrassez votre PÈRE. »

Avant de s'asseoir, Enfantin dit encore :

« M. l'Avocat général a bien voulu m'engager à rentrer dans des fonctions privées, pensant que j'y pourrais rendre des services à la société. Sa sollicitude me permet d'exercer la mienne à son égard ; je l'engage donc de mon côté à lire la LOI, selon *l'esprit* que je lui indique aujourd'hui ; et j'affirme que, quelle que soit son opinion sur nous, tout ce qui a été dit devant lui dans ce procès sur l'avenir des femmes, lui servira de lumière dans cette lecture... Vous savez, messieurs, que notre prétention est d'enseigner partout, vous ne trouverez donc pas étonnant que je donne ce conseil à M. l'Avocat général ; ce sera le fruit qu'il retirera de sa conduite à notre égard, c'est aussi le *jugement* que nous prononçons pour l'inconvenance de ses accusations ; car, vous le savez, pour nous, tout jugement a pour but d'élever et de moraliser le coupable. J'ai dit. »

Le président prononce la clôture des débats et les résume. Il lit ensuite les questions au nombre de sept :

« Prosper Enfantin est-il coupable d'avoir fait partie d'une réunion non autorisée de plus de vingt personnes ? »

La même question est posée pour *Olinde Rodrigues, Michel Chevalier* et pour *Duveyrier*.

« Michel Chevalier s'est-il rendu coupable du délit d'outrage à la morale publique et aux bonnes mœurs, en publiant dans le journal le *Globe*, dont il était gérant, le 12 janvier et le 19 février, les articles intitulés : *De la femme* et *Extrait d'un* enseignement de notre PÈRE SUPRÊME EN-FANTIN sur les relations de l'homme et de la femme ?

» Enfantin et Duveyrier se sont-ils rendus coupables du délit d'outrage à la morale publique et aux bonnes mœurs, en fournissant à Chevalier les articles qu'il a publiés, sachant qu'ils seraient imprimés dans son journal ? »

» Les jurés passent dans la salle des délibérations.

» Il est trois heures et demie; l'audience est suspendue.

» Le PÈRE reste à sa place dans la salle, debout ; il s'entretient avec divers membres de la famille et avec quelques avocats qui s'approchent de lui. La salle reste pleine, des discussions animées s'établissent sur divers points.

» A six heures l'audience est reprise, les jurés rentrent, et M. Grandjean, chef du jury, s'exprime en ces termes :

» Sur mon honneur et ma conscience, devant Dieu et devant les hommes, la déclaration du jury est, à la majorité de plus de sept voix :

Oui : Les prévenus sont coupables, sur toutes les questions. La voix de M. Grandjean paraît émue, son visage est pâle.

» La Cour se retire pour délibérer, elle rentre une heure après, et le *Président* prononce l'arrêt suivant :

» Considérant qu'il résulte de la déclaration du
» jury, qu'Enfantin, Rodrigues, Barrault et Che-
» valier sont déclarés coupables d'avoir formé, en
» 1830, 1831 et 1832, sans autorisation, une as-
» sociation de plus de vingt personnes.

» En ce qui touche Duveyrier, considérant que
» c'est par erreur qu'il a été compris dans la pre-
» mière question, et que la déclaration affirmative
» du jury sur ce point ne peut donner lieu à aucune
» condamnation, puisque Duveyrier a été déclaré
» coupable d'un autre fait entraînant une peine
» plus grave, et qu'aux termes de la loi, cette
» peine doit être seule appliquée.

» Considérant que Chevalier, ancien gérant du
» *Globe*, est déclaré coupable d'avoir commis le
» délit d'outrage à la morale publique, par la pu-
» blication d'écrits et discours proférés dans les
» lieux publics.

» Considérant qu'Enfantin et Duveyrier sont dé-
» clarés coupables l'un et l'autre comme auteurs

» des articles publiés par Chevalier, délits prévus
» par les art. 1er et 8 de la loi du 17 mai 1819, 26
» de celle du 26 du même mois, 60 et 92 du Code
» pénal; la Cour condamne Enfantin, Duveyrier,
» Chevalier, à un an de prison, 100 francs d'a-
» mende chacun; Rodrigues et Barrault à 50 francs
» d'amende; maintient la saisie des divers écrits et
» brochures publiés, ordonne que la société dite
» Saint-Simonienne sera dissoute, condamne en
» outre solidairement les prévenus aux frais du
» procès, et ordonne l'affiche de l'arrêt au nombre
» de cent exemplaires. »

Le Président, *aux prévenus :* Vous avez trois jours pour vous pourvoir en cassation contre l'arrêt qui vient d'être rendu.

» L'arrêt a été entendu avec le plus grand calme par toute la famille. Le public l'a entendu en silence et s'est écoulé lentement. A six heures et demie, la famille s'est rangée dans le même ordre suivant lequel elle s'était rendue au Palais; elle a eu à traverser une foule immense, qui s'étendait du Palais à l'Hôtel-de-Ville; le plus grand nombre la regardait passer sans rien dire, seulement le nom du PÈRE circulait de bouche en bouche; çà et là quelques cris injurieux se faisaient entendre. Une vingtaine de sergents de ville, conduits par deux officiers de paix, s'employaient avec beaucoup de zèle à ouvrir un passage à la famille au milieu de la foule. Cent personnes environ, hommes et femmes qui nous aiment, nous ont accompagnés jusqu'à Mé-nilmontant. »

FIN DU SEPTIÈME VOLUME

Imp. L. Toinon et Cie, à Saint-Germain.